日本の針路

リーダー国家

JN133710

大川隆法
RYUHO OKAWA

まえがき

一昨日の夜（六月二十四日）、北海道で講演し、中一日おいて、今朝《けさ》から、原稿の校正である。最近は、緊急出版のラッシュである。

読者から見れば、『仏法《ぶっぽう》と勤労精神』という説法をするために、私が六月十七日と講演当日の二十四日にイラン最高指導者ハメネイ師の守護霊霊言③④で霊査し、またイスラエル首相ネタニヤフ氏の守護霊霊言も講演当日に収録したのが良く判《わか》る。

その意味で本書は、霊界事情を裏取りして講演したのがよく理解できる一冊となっている。イランのトップとイスラエルのトップの対立する霊言を参考に、私がどのように講演したのかを熟読して下されば、本書はとても面白いものとなろう。

霊界も霊言も実在する。そして、現代のスーパー・コーランが現前《げんぜん》に展開されていることに、もっともっと驚いてほしい。

二〇一九年　六月二十六日

幸福《こうふく》の科学《かがく》グループ創始者兼総裁《そうししゃけんそうさい》
幸福実現党創立者兼総裁《こうふくじつげんとうそうりつしゃけんそうさい》
大川隆法《おおかわりゅうほう》

リーダー国家　日本の針路　目次

第一部　仏法《ぶっぽう》と勤労精神

二〇一九年六月二十四日　説法《せっぽう》
北海道・ANA《エーエヌエー》クラウンプラザホテル千歳《ちとせ》にて

8　日本よ、正しい針路を取れ　70

第二部　中東情勢を動かす宗教パワーの深層

――ハメネイ師守護霊《しゅごれい》、ネタニヤフ首相守護霊の霊言《れいげん》

第1章　ハメネイ師守護霊の霊言③

二〇一九年六月十七日　収録
幸福の科学 特別説法堂にて

2 イスラム教から見たキリスト教の限界点 108

第2章　ハメネイ師守護霊の霊言④

二〇一九年六月二十四日　収録
北海道にて

第3章　ネタニヤフ首相守護霊の霊言

二〇一九年六月二十四日　収録
北海道にて

第一部　仏法《ぶっぽう》と勤労精神

二〇一九年六月二十四日　説法《せっぽう》

北海道・ANA《エーエヌエー》クラウンプラザホテル千歳《ちとせ》にて

1 「人生百年社会」を生き抜《ぬ》く方法

他党の「バラマキ」政策と反対の話に

北海道に来るチャンスは数少ないので、今回、できるだけよい会場を選ばせていただきました（会場拍手《はくしゅ》）。

北海道のなかにいても、この会場が遠い方は、支部その他で聴《き》いておられると思いますが、話の内容をしっかりつかんでくださり、ほかの方にお伝えくだされば、ありがたいと思います。

本州など南のほうの方は、今日（二〇一九年六月二十四日）は、この会場に来られなかったと思います。もっと大きな会場ならば来られるのでしょうが、ここだと来られなかったと思うのです。ただ、それぞれの場所で話をしますと、違《ちが》った特色の話ができることもありますので、いろいろな方々に届くのではないかと思います。

今日は、なぜか、「仏法《ぶっぽう》と勤労精神」という題が付いていて、私は首をかしげながら来ました。

題については幾《いく》つかの可能性があったのですが、地元の森山佳則《もりやまよしのり》さん（二〇一九年の参院選における、幸福実現党の立候補予定者）の守護《しゅご》霊《れい》が、「『仏法と勤労精神』という題がいいと思います。北海道には必要ですから」と強くおっしゃったので、これを選んだのです（会場拍手）。

これが本当に合っていればいいのですが。北海道には、勤労精神が要《い》るのでしょうか。私にはよく分からないのですが、地元の方がそうお

本章講演の本会場となったＡＮＡクラウンプラザホテル千歳の当日の様子。

っしゃる以上、そうなのであろうと思います。

けっこう勤勉に働いていらっしゃるようにも見えるのですが、北海道は大地がだだっ広いので、働いていないように見える場合もあるのかもしれません（会場笑）。特に何か働いていない人たちが、一部、周《まわ》りの職業にいるのかもしれませんけれども……。

珍《めずら》しい題なので、話しているうちに忘れてしまう可能性はありますが、頭の片隅《かたすみ》には残しておきたいと思っています。

「仏法と」という言葉が付くのも珍しいのですが、今日は「幸福の科学」ではなく「幸福実現党の総裁」として話をしに来ています。

そのため、「『仏法と勤労精神』？　『幸福実現党の総裁』として？　よそ（の党）は、だいたい、お金をばらまく話をしているはずなのだけど、この題からすると、『もう少し働け』というような話をしなくてはいけないのかな。そういうことになると、幸福実現党は『もう票は要らない』と言っているように聞こえるのではないか」という気持ちが、あることはあるので、若干《じゃっかん》、「大丈夫《だいじょうぶ》かな?」とは思います。あとは、ほかの方に頑張《がんば》ってもらうしかありません。もしかしたら（幸福実現党の）票を減らすかもしれない説法《せっぽう》になりますけれども、お許し願いたいと思います。

「人生百年社会」で、「無収入生活」から脱出《だっしゅつ》するには

六十五歳《さい》以上の人口は日本でも四分の一ぐらいになっています。そのなかにまだ私は入っていないのですが、「四分の一だと、そろそろ危ないかな」という感じはあります。それは、「（働いている世代が）担《かつ》げるかなあ」という気持ちでしょうか。

「六十歳定年」のところも、まだだいぶ残っています。政府は、（定年を）「六十五歳に」とか、「六十八歳に」とか、「七十歳に」とか、「七十五歳に」とか、いろいろなことを考えていると思いますし、私たち幸福実現党からも「生涯現役《しょうがいげんえき》」の発信をしてはいます。

「二十一世紀中には、たぶん、日本人の平均寿命《じゅみょう》が百歳に達する」と言われてい

るので、ほぼ確実に、二十一世紀中に百歳ぐらいまで行くと思うのです。

したがって、六十歳で仕事を辞《や》めてしまうと、あと四十年あります。二十歳前後、十八歳や二十二、三歳ぐらいから働き始めて、六十歳まで働いたとして、そのあと四十年あると、その間、無収入、無職でいるのは、確かに若干厳しいことです。普《ふ》通《つう》の頭で考えてみて、「これは、ちょっと危ないかな」ということが分かります。

そのため、抱《だ》き合わせ的に、「健康を維持《いじ》できる方は、できれば、六十五歳でも六十八歳でも、七十歳でも七十五歳でも働きませんか」という呼びかけがかかるわけです。

「平均寿命《じゅみょう》」より「健康寿命」が十年も短い、どうする？

そうすると、今度はまた、〝賢《かしこ》い〟週刊誌が、「何歳から年金をもらったほうが得か」という計算をしてくれます。「六十八歳なら、どうか」「七十歳なら、どうか」「早く年金をもらったほうが得か、働き続けたほうが得か」という計算が働き始めるのです。

ただ、それを計算したところで、何歳で死ぬか分からず、それが得か損か、実際には分からないので、「働ける人は働く」ほうが良いでしょう。

私にも、年金が出るのでしょうか（笑）。私自身は、まったく知らないのですが、出ようが出まいが関係なく、働けるところまで働くつもりではいます。

特に大事なのは、「生存できる」という意味での寿命《じゅみょう》ではなく「健康寿命」です。死を迎《むか》えるまで、健康なまま、なるべく長く生きられるほうがよろしいと思うのです。

ただ、これが日本人の「平均寿命」よりも十年ぐらい足りないというか、亡《な》くなる十年前あたりから、だいたい病気をして働けない状態になります。それが十年ぐらいあって、けっこう「晩年の苦しみ」になっているように思うのです。

先ほどモニターで（会場内を）観《み》ていたのですが、映った人たちの顔を見て、平均年齢《ねんれい》は幾らぐらいか、ザザッとスーパーコンピュータ的暗算をしてみたところ、これがけっこう間近な問題になってくる方は比較《ひかく》的多いようです。

「年金をもらったほうが得か。あるいは、働き続けたほうが得か」など、いろいろあると思うのですが、私のお願いとしては、健康であれば、あるいは、「頑張れば働ける」ということであれば、収入の多寡《たか》は別として、「世の中のお役に立つ」ということ自体が幸福なので、できるだけお役に立ってよいと思うのです。

しかし、年を取ってくると、人情として、できるだけ、いろいろなものにすがりたくなってきますし、何かに頼《たよ》りたくなってくる気持ちもあります。また、そういう協力がなければ生きていけない場合もありえます。

2　大川隆法の〝医学的死〟と「復活」実体験

四十代で医者に「昨日《きのう》あなたは心筋梗塞《しんきんこうそく》で死んでいたはずだ」と言われて

先ほど、今年（二〇一九年）八月三十日から公開予定のドキュメンタリー映画の話もありましたが、その次に、十月十八日からは、もっと大きな映画がかかります。それは、四十代のときに私が病気をした実体験を下敷《したじ》きにしたもので、実話を物語仕立てにした映画です。

私は一回、死にかけたことがあるのです。ピンピンしているから、みなさんに「働け」と言っているわけではありません。これについては、いちおう理解した上で言っています。

医者に、「あなたは今日中に死ぬ。いや、昨日《きのう》、もう死んでいたはずだ」と言わ

●ドキュメンタリー映画　「光り合う生命《いのち》。―心に寄り添う。2―」（企画 大川隆法／2019年8月30日公開予定）
●もっと大きな映画　「世界から希望が消えたなら。」（製作総指揮・原案 大川隆法／2019年10月18日公開予定）

れたショックを、まだ覚えています。

そのようなショックは、みなさんにもいずれ来るかもしれません。

医者というものは言い方が少し冷たいのです。今日、病院に来ている人に、「昨日、あなたは死んでいるはずだ」と医者は言ったのですが、これはないでしょう（会場笑）。

「各種データを取ってみたら、あなたは、昨日の午前中に、たぶん心筋梗塞《しんきんこうそく》を起こしているはずだ。ということは、〝もう死んでいるはず〟で、ここにいるはずはないんだ」というようなことを私は言われましたが、いくら何でも、そういう言い方はないでしょう。いちおう、息をしながら病院に来ているわけです。

「しばらく健康検査をしていないから、少し調べてみようか」と思って病院に来たら、捕《つか》まってしまい、放り込《こ》まれたような状態であったので、できるだけ早く逃《に》げ出そうとしていたのですが、そういう人間に、医者は、「もう絶対に助からない。死ぬ」という感じで〝押《お》し込んで〟きました。

このなかには本当のこともあるのですが、病院は少し大げさで、「いったん捕まえた〝獲物《えもの》〟は離《はな》さない」というようなところがあるのです。これは、みなさんも経験されると思います。

それがすべて悪意とは言いません。善意の医者もいます。「(医者の職業観では、病人にとっては)病院にいることが幸福だ」と思っている方がいるのです。

ただ、それだと病院は〝動物園〟と同じです。

動物園の飼育員は、動物たちが檻《おり》のなかに入っていることを「幸福だ」と思っています。「安全に護《まも》られ、毎日、餌《えさ》を与《あた》えられて、よかったね、君たちは」と思っているのです。

ところが、なかにいる動物たちは必ずしもそうは思っていません。「もっと自由に走りたいな」と思っているのですが、自由に外へ出たら撃《う》ち殺されるから、出られないでいます。

そういう勘違《かんちが》いがお互《たが》いにあることはあるのですが、医者は、そう言ったら患者《かんじゃ》が喜ぶと思っています。

私は、「いったん入院した以上、一生、出られませんからね」と〝脅《おど》され〟たりもしましたし、「死ぬ」とも言われました。いろいろなことを言われたのです。

しかし、復活して、講演二千回超《ちょう》、執筆《しっぴつ》二千二百書超

しかし、その後、私は、二千回以上、講演をし、世界の十五カ国以上で話をしています。また、その後に出した本は二千二百書を超《こ》えています。

こんな人が、「あなたは、もう死んだも同然」と言われたのが四十七歳《さい》のときです。私の今の年齢《ねんれい》は、それに十五年ぐらい足したものになります。

「十年以上生きる可能性はゼロというか、年内を生き切る可能性はない。その日は越《こ》せない」とまで言われてから十五年たちました。その間に、約二千二百書もの本を出し、講演を二千回以上やって、まだピンピンしています（会場拍手《はくしゅ》）。

3 「人生をねじ曲げる奇跡《きせき》」を手に入れる方法

「自分」も「環境《かんきょう》」も「人間関係」も変えていくには

人間、「決定論」で考えるのはやめようではありませんか。

すべての人が、生まれてくるときに、チャンスを与《あた》えられて生まれてきているのです。

何十年かの人生があります。才能もあれば、家庭の選び方もありますし、職業もあります。もちろん、体格や体の特徴《とくちょう》もあると思いますし、生まれたときから障害があったり、病気がちであったり、いろいろな方がいるとは思います。しかし、変化していく可能性は、すべての人にあるのです。

「自分は世の中のお役に立たないでいい」とか、「自分は早く死んでもいい」とか、

「世の中には無駄《むだ》なものばかりだ」とか思っている人にとっては、未来は開けないかもしれません。

しかし、私は、「自分自身は変えていけるものだ」と思っていますし、「自分の周りの環境《かんきょう》も変わっていくものだ」と思っています。

また、みなさんには、対人関係、人間関係の苦しみも多いと思いますが、「これだって、仏法真理《ぶっぽうしんり》を学べば、どんどん変わっていくものだ」と私は思っているのです。

さらには、この世の学校の教科書では学びませんけれども、真理を「信仰《しんこう》」というかたちで学ぶと、今までにないような、人生をねじ曲げるような奇跡《きせき》というか、ありえないような奇跡が出てくるので、まことに不思議でしかたがないのです。

目に見えない世界から、「ある物」が物質化する現象が多発

特に、今年ぐらいから、もう、どこに行っても、金粉《きんぷん》が降って降って、しかたがありません。政治の話をしても金粉が降るので、もう、どうしようもないのです。

幸福実現党としては、「大判《おおばん》・小判《こばん》のほうが、よりありがたい」と思ってはいるのですが、金粉の降る現象が数多く起きています。

例えば、公式の場ではなく、部屋のなかで霊言《れいげん》などを録《と》っていても、私に手持ちのマイクを向けて聴《き》いている人の手のなかに金粉が浮《う》いてくるのです。目の前で出てくるわけです。「これは汗《あせ》か何かの間違《まちが》いかな」と思って拭《ぬぐ》い去っても、また金粉が出てきます。そんな状態が、もう日常茶飯事《さはんじ》なのです。これは、いわゆる「物質化現象」です。

天上界《てんじょうかい》から、どういうシステムで金粉が出ているのか、私にもよくは分かりませんが、「出る」ものは「出る」のです。今日も、おそらく、この講演会が終わったあと、みなさんの座席は調べられるはずです（会場笑）。

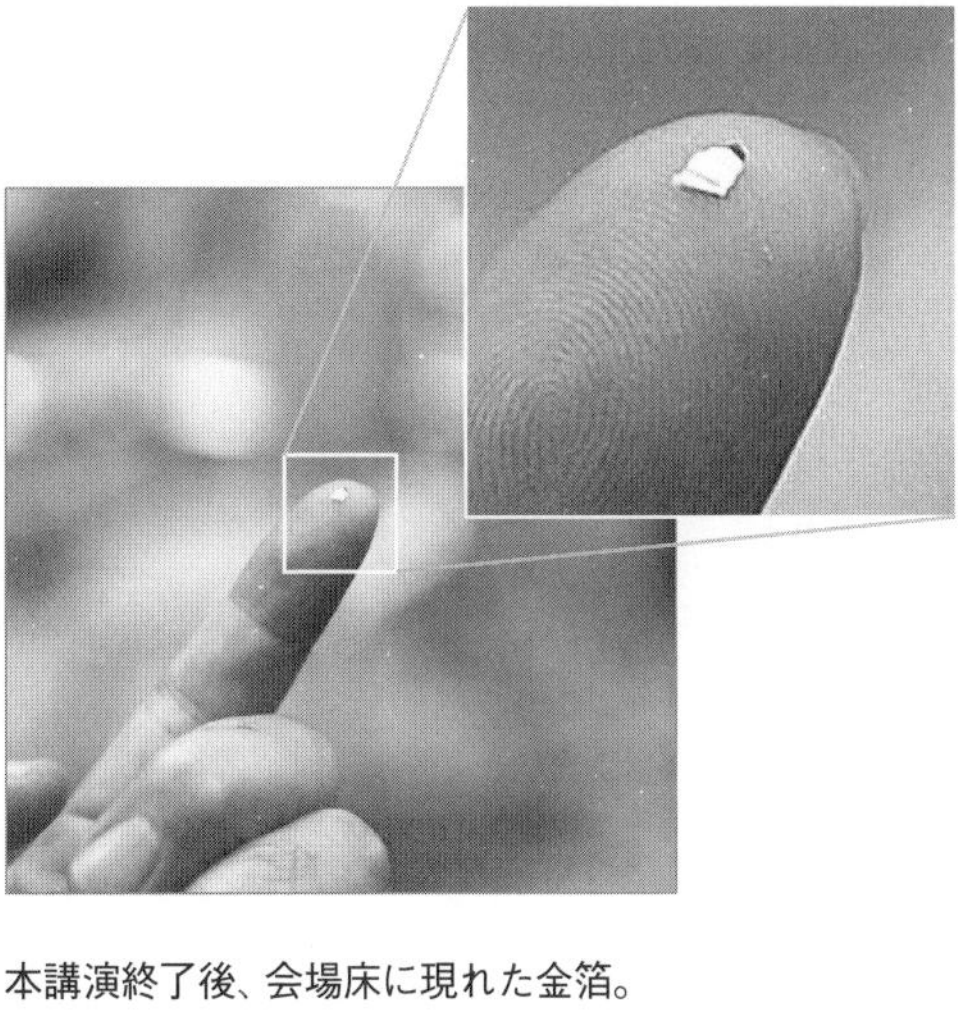

本講演終了後、会場床に現れた金箔。

必ず、いつも金粉が降るのです。なかには、金塊《きんかい》が降ったところもあることはあるので、人にもよりましょうが、金箔《きんぱく》とか金塊とかも降ります。

強く思念すると身体のコンディションがどんどん変わってくる

そのように、「目に見えない世界から、物質化してこの世に物が現れてくる」というのは一つの象徴なのですが、同じような原理が、例えば、病気等を治してしまう原理に働く場合があるのです。

人間の体というのは、一年以上同じ細胞《さいぼう》が維持《いじ》されているわけではありません。一年以内には、骨から、脳みそ、筋肉、神経まで、全部、違う細胞に入れ替《か》わるのです。自分の体について、固定したようなものがあると思っているかもしれませんが、実は、これは固定したものではなく、流れる川のような存在なのです。

川は、いつも同じように見えていても、同じ水は流れてはいないということです。

今、濁《にご》っている川があるとして、あるいは、台風のあとのように、ものすごく荒《あ》れている川に見えて、それが身体に（病変として）現れているとしても、翌日になれば、穏《おだ》やかな、静かな、清らかな川になることもあります。

そのように、自分の体のコンディションも、強く思念して、正しい信仰を持ち続けると、どんどん変わってくるのです。

もし、自分の体に悪いところがあったなら、内臓でも皮膚《ひふ》でも、毎日毎日、そこに呼びかけたらよいのです。「頭がよくなれ」というのでも、少しは効きます。完全には変わりませんが、「もとよりも、よくなれ」というのであれば、絶対に効きます。それは、効き目間違いなしです。

「病気が治る奇跡《きせき》」が起きるとき

あるいは、皮膚病で、全身がケロイドのようになり、外にも出られなかったのに、私の一言《ひとこと》で、その皮膚がツルツルになった人もいるぐらいです。その人は、生き証人として今も生きています。

また、頭の毛が円形脱毛症《だつもうしょう》になっている人に、毛が生《は》える祈願《きがん》（「円形脱毛症回復祈願」）をつくったら、本当に、みるみる毛が生えてきたこともあります。

これは、実は私の家内で〝実験済み〟なのです（会場笑）。教団内で、女性でトップということなので、やはりいろいろなところから（嫉妬《しっと》の）想念が集まってくるわけです。「若いので、髪《かみ》の毛でも抜《ぬ》けたら、（総裁に）嫌《きら》われて、いなくなるのではないか」という想念が、一部からというか、三人ほどから来ているのを、私が突《つ》き止めたのです。「家内の毛が抜け始めたから、おかしいな」と思って、想念の出所《でどころ》を突き止めたら、三人から出ていることが分かり、彼女もそれを確信していました。

そこで、私が円形脱毛症の祈願をつくって、本人も自分でその経文《きょうもん》を読み始めたら、一カ月以内に、ゴワゴワの剛毛《ごうもう》が生えてきたのです（会場笑）。美容室に行ったら、「すごいですね。生えてきましたね。ものすごい勢いですね」と言われるほど、グワーッと生えてきている感じでした。

その変化していく様を、証拠《しょうこ》としてずっと家で撮《と》っていたのですが、それには私も驚《おどろ》きました。大きく禿《は》げになっていたのが、全部剛毛になって生えてきて、「元より、すごいですね」と言われたので、本当に効くのだなと思いました。私たちが異次元世界に目覚めると、そういうことがあるのです。

何が言いたいかというと、みなさんの心配としては、「長生きしてもいいけれども、病気で寝《ね》たきりになったりして、他人《ひと》のお世話にならなければいけない状態になって、迷惑《めいわく》をかけたら申し訳ないから、病院の窓から飛び降りなければいけないのではないか」とか、そういうことを考えているのだろうと思います。

そういう考えもありましょうが、それをはねのけて、「いや、健康体になって、少しでもお役に立ち、長く働きたいな」とか、「体の一部は不自由でも、ほかのところは、まだ使えるところもある」とか、あるいは、「頭がしっかりしているうちは、仕事はできる」とか、「口がきけるうちは、できる」とか、「口でしゃべれなくても、体が動くうちは、何かができる」とか、何かよいところを取れば、必ず、前進は可能なのです。そういうことを、常に思っていてください。

これが、「人間に仏性《ぶっしょう》があり、神性《しんせい》がある」ということの証明でもあるのです。
この奇跡《きせき》は数多く起きているので、もう「法則」と言ってもよいと思います。

4 「やれることはやろう」精神

「自分にも使命がある」と思って体への投資を

したがって、「自分に使命がまだあるのだ」と、強く信じてください。年齢《ねんれい》が六十歳《さい》の人は、もうすぐお役御免《ごめん》になるかもしれませんが、「でも、まだ第二の人生、第三の人生のチャンスがある」と思って、体に対する投資をしていくことが大事です。体を少しずつ少しずつ動かして、筋肉をつけていく、あるいは、ボケないように頭も使い、次の仕事ができるように努力していくなど、そういうことをしていけば、五年後、十年後に、必ず報《むく》いられるのだということを言っておきたいのです。

今日、みなさんの前に立っている私は、一九八六年に幸福の科学を設立しました。そのときは、主宰《しゅさい》という肩書《かたがき》で、三十歳で立ちましたが、その当時の体重よりも今は五キロ少なく、ウエストは三センチ細いのです。

そのため、今、みなさんの前に立って一時間説法《せっぽう》をしている間に、「ズボンがずり落ちたらどうしようか」と思いながらやっています（会場笑）。ところが、私のズボンをつくってくれる人のほうは、「まだ二センチぐらいは太るだろう」と見て、大きめにつくったりしているのです。そこで、「それなら、逆に、痩《や》せるぞ」と今年の春ごろに思い、逆に痩せる方向に行ったので、ズボンが空港で落ちたりしないように、本当に努力しながら来ているのです。講演のときは、演台があるので大丈《だいじょう》夫《ぶ》だと思っていますが（会場笑）。

自分が変わることで、人や環境《かんきょう》を変えていく力を！

私が言いたいのは、「みなさんはまだ、可能性に満ち満ちているのだ」ということです。したがって、すべてを他人《ひと》のせいや環境《かんきょう》のせいにしないでください。「北海道のせい」、「知事さんのせい」、あるいは、「北教組《ほっきょうそ》のせい」など、いろいろあるかもしれませんし、それもないとは言いません。

しかし、自分自身が変わろうと努力し、自分が変わることによって他の人との関係を変えることができる人、環境のせいにしないで、それを突破《とっぱ》していく力を持っている人は、多くの人を勇気づけるものです。したがって、「やれることは、やろうではないか」と言っているわけです。

5　今、政治家・政党が発信すべき正論とは

立党十年、幸福実現党は正論を訴《うった》え続けている

幸福実現党も、十年前（二〇〇九年）に立党して以来、ずーっと正論を言い続けているのですが、なかなか、マスコミや国民を説得するところまでは行かず、向かい風が長くあったのではないかと思います。

立党当時、すでに、国会のほうは小選挙区制になっていて、二大政党型に持っていこうとしていました。要するに、与党《よとう》が過半数を取りやすく、あるいは、三分の二を取れて憲法改正がしやすいシステムを組んでいたわけです。

中選挙区制であれば、一つの選挙区で三人から五人ぐらい当選するので、新しい党をつくっても当選する可能性は高いのですが、小選挙区制では、「可能性のある

二人のうちのどちらか」というかたちになるので、「こちらが優勢」という報道が出たら、その人が通る可能性が極《きわ》めて高くなります。

そのように誘導《ゆうどう》される状況《じょうきょう》になっているため、残念ながら、新しい政党が力を伸《の》ばそうとしても、「死に票」になるから応援《おうえん》してくれないということになっているのです。

今の国会議員の「正しさ」は「選挙に勝てるかどうか」

実際、国会の人たちを見ていると、ほとんどの人にとって、「正しさとは何か」というと、「選挙に勝てるかどうか」ということです。それが正しさの判断基準であり、「選挙に勝てるなら正しく、勝てないなら正しくない。間違《まちが》っている」という考えのようです。

例えば、先日、香港《ホンコン》で、百万人デモがあり、その翌週には二百万人デモがありましたが、日本の与党である自民党・公明党のほうからも、野党のいろいろな方々からも、ほとんど発言がなく、みな、知らん顔をしています。

なぜかというと、自民党のほうは、「中国からの観光客が減ったら、国の収入が減るかもしれないから、黙《だま》っていたほうが安全だし、来年（二〇二〇年）は、習近《しゅうきん》平《ぺい》氏が国賓待遇《こくひんたいぐう》で来るから、ごねられると困る」などと思っており、野党は野党のほうで、「戦争反対、憲法改正反対、憲法遵守《じゅんしゅ》と言っているので、中国と揉《も》めるようなことは想定していない」ということにいちおうなっているからです。

そのため、両方とも、香港がどんなに大変であっても、あるいは、台湾《たいわん》がどんなに大変であっても、知らん顔をして黙っているのです。台湾の人も、香港の人も、「日本の政治家は冷たいなあ。全然、意見を言ってくれない」と言っているのですが、上手にはぐらかして逃《に》げています。それをやっても、票にならないからです。「票にならないことは、やる意義がない」と、だいたい考えているのです。

それに対して、私たちは、「おかしい」と思うことに対しては、きちんと意見を言っています。

香港《ホンコン》と台湾《たいわん》の「自由」と、習近平《しゅうきんぺい》の娘《むすめ》が推進する「AI監視《かんし》システム」

香港《ホンコン》というのは、国際都市であり、金融《きんゆう》都市です。こういう、「自由」と「民主主義」と「信仰《しんこう》」のある国際金融都市が中国にあるということは、中国の繁栄《はんえい》にとっても大事なことです。将来において、中国が他の外国から信用され、いろいろな国と取引をするためには、香港の繁栄が維持《いじ》されるのは大事なことなのです。

しかし、国家主席のほうは、それよりも、なるべく「一国一制度」に近づけるほうを考えています。（香港の民主化運動のリーダー）アグネス・チョウさんは、「今、『一国一・五制度』になっている」と言っていましたが、だんだん「一制度」になり、同じ制度になろうとしています。そうなると、外国が中国にアクセスすることがとても難しくなってくるのですが、それさえも、なかなか分からないようです。

習近平《しゅうきんぺい》氏は、ＡＩを使って顔認証《にんしょう》システムをつくり、十四億人もいる国民がどこで何をやっているかまでつかんで、すぐに警察が行って捕《つか》まえられるような体制を築いているので、「ずいぶん、すごいことをするものだなあ」と、私は感心していました。習近平氏は、私より何歳《さい》か上で、六十代の半《なか》ばを過ぎているぐらいだと思いますが、「そんなに、ＡＩやインターネットなどに詳《くわ》しいのか。ちょっと信じられないな」と思っていたところ、実は、彼は機械音痴《おんち》で、全然分からないらしいのです。それを知って、私は、「同じ人間だな」と思ってホッとしました（会場笑）。

習近平氏には、ハーバード大学に留学させていた娘《むすめ》がいるのですが、その娘さんが帰ってきて、その機械類のコントロールをどうもやっているらしいということまで分かってきています。「この人がやっているのか」というところまで突《つ》き止められてはおります。

ハーバード大学に留学していたのに、アメリカは彼女を〝洗脳〟することはできなかったのでしょうか。少し残念な感じがします。

そういうことで、香港や台湾《たいわん》の自由と繁栄が続くように、幸福実現党は応援していますが、ほかの政党は黙っています。

ウイグル弾圧《だんあつ》を告発する幸福実現党の発信で、国内外が動いた

同じく、去年の八月か九月ぐらいに、中国のウイグル自治区と言われるところから海外に亡命して世界ウイグル会議総裁をやっているような人からも、「自民党にいくら頼《たの》んでも、安倍《あべ》さんに頼んでも、まったく動いてくれないので、幸福実現党にお願いするしかない。大川隆法さんにお願いする。ウイグルを助けてください」と言ってきたので、私は、いろいろなところで、ウイグル問題について発言してきました。今、世界の目はウイグルに向いて、ウイグル解放に向けて動いています。

私たちでも、力はあるのです。何回も言っていたら、ヨーロッパも、もちろんアジアのほうも、知ってきていますし、日本の国内でも、非常に小さいけれども動きはあるのです。

もうすぐ、習近平氏が、G20《ジートゥエンティ》で大阪《おおさか》に来ます。そのときに、ウイグルの活動家たちを日本に入れるなということを、いつものことながら、今回も言っていたので

すが、「ウイグル解放の活動家でアメリカと東京を行ったり来たりしている人にビザを出した」という記事が、小さいですが先日の新聞に載《の》っていました。

習近平氏が来るときに、ウイグル解放の旗を振《ふ》っている人が日本に入れるようにビザを出したわけで、私たちのプレッシャーが、現実にけっこう〝効いている〟んですよ（会場拍手《はくしゅ》）。

したがって、間違っていると思うことは、やはり、頑張《がんば》ってそれを変えていくところこそ、政治の力だと思うのです。これは、宗教の力でもあるけれども、政治の力でもあると思うので、もっともっと力を持ちたいと思っています。

●ウイグル解放の活動家で……　2019年6月、日本で開催されるG20に参加予定である中国の習近平国家主席に合わせ、日本入りを計画するウイグル族のラビア・カーディル氏（自由インド太平洋連盟会長）に対し、日本政府は査証（ビザ）を発給した。

6 日米が知らない中東の宗教事情

日本の報道・首相には、中東が見えていない

こうした、香港《ホンコン》、台湾《たいわん》、それから、東アジアの覇権《はけん》をめぐっての海上での戦いが、次の第三次世界大戦につながる可能性があると危惧《きぐ》していますが、もう一つ、この六月に起きた大きな事件として、イランをめぐる問題があります。

これは、北海道で言っていいかどうか本当は悩《なや》みました。北海道で講演をするとき、いつもこういう問題が出てくるのです。前々回の北海道での講演のときも、「イギリスがEUから独立していいかどうか」という問題が出ていた時期にたまたま巡《めぐ》り合わせたので、「言わなければいけないけれども、大丈夫《だいじょうぶ》かな。北海道でこんなことを発信していいのかな。しかし、いちおう全国ネットで衛星中継《ちゅうけい》がかかっ

●前々回の北海道での講演……　2016年6月25日、北海道の苫小牧《とまこまい》市民会館で行《おこな》った講演「勇気ある決断」。『地球を救う正義とは何か』(幸福の科学出版刊)参照。

ていて、全国の人たちはこれを知る必要はあるだろう」と思って、ブレグジット、イギリスの独立についても述べたのです。

話しながら不安に思ったものの、「北海道も世界の中心だ」と思って述べました。日本国内には時差がなく、私が話していることは衛星中継で沖縄《おきなわ》まで行っているので、東京で言おうが、北海道で言おうが、どこで言おうが同じでしょう。ですから、今回もイランにかかわることにも少し触《ふ》れます。

安倍《あべ》首相がイランに行き、アメリカとイランの仲裁《ちゅうさい》をしようとして、最高指導者（ハメネイ師）と話をしているときに、タンカーが砲撃《ほうげき》されたか、機雷《きらい》で爆破《ばくは》されたかよく分かりませんが、とにかく船体の一部が爆破されて炎上《えんじょう》する事件が起きました（二〇一九年六月十三日）。

そのあと、安倍首相は多くを語っていないので、ショックを受けたものと思います。日本の報道関係も、イランのことがほとんど分からないので、記事を書けないでいるようです。「日本から距離《きょり》があるために、ボーッとしていて分からない」ということも、真実なのだろうと思います。

イランの事情①――その政治体制は、中国や北朝鮮《きたちょうせん》の専制政治とは違《ちが》う

それに対して、私は今、この真相にも迫《せま》っていき、日本がやるべき方向、日本が進むべき方向についても述べています。

結論から申し上げます。アメリカ側から見れば、北朝鮮《きたちょうせん》とイランが同じように見えているのでしょうが、「宗教的に、霊的《れいてき》に見るかぎりは、同じものではない」ということです。

イランは、宗教大国としての長い歴史を持っていて、北朝鮮や中国のような個人独裁の専制政治とは違《ちが》っています。イラン自体は、宗教心の非常に高い国家なのです。

イランの事情②――宗教的理解が足りない米国の攻撃《こうげき》は勇《いさ》み足

また、長らく日本と親交があった、原油の輸出国でもあります。日本は、なぜか、

●日本がやるべき方向……　『日本の使命』（幸福の科学出版刊）参照。

いつの間にか制裁に加わっていて、イランからの原油を止めています。

そして、今、イランの石油の輸出量は半分ぐらいに減っていますし、インフレも進んでいて、国内はかなり危機的な状況《じょうきょう》が進んでいます。

けれども、タンカーへの攻撃《こうげき》があり、無人偵察機《ていさつき》も撃《う》ち落とされたので、トランプ大統領は即《そく》攻撃をかけようとしました。「十分前に止《と》めた」というようなことを言っていますが、彼の動き方から見ると、衝突《しょうとつ》の可能性はまだ高いと思います。

どうやら見方に違いがあるようです。トランプ氏の見方は、今まで、全体的には幸福実現党の考え方と同じくする方向でだいたい動いていたのですけれども、この「イラン・マター」に関しては少し違うようです。そう見ています。

やや宗教的理解が足りていないと感じるので、これについて私どものほうとしては、「イランに攻撃をかけることは、勇《いさ》み足で、やるべきではない」と考えています。

理由は幾《いく》つかあります。中東情勢を読み解くことは、日本人から見て難しいですけれども、アメリカ人から見ても、実はとても難しいのです。「何をもって正義と

●いつの間にか……　かつてイランは、日本にとって原油の供給先として重要な貿易国だったが、イランの核兵器開発疑惑に対するアメリカの経済制裁に足並みを揃えるかたちで、イランからの原油輸入を縮小・撤退する方向へと転換している。

するか、正しいと見るか」ということはとても難しいのです。

難しい問題点の一つは、「イスラエルという国の扱《あつか》い」です。それからもう一つは、「サウジアラビアという国の扱い」です。この二つの国の扱いと、イランとの関係が非常に複雑なので、何をもって正義とするかが分からないのです。

イスラエルの事情①――亡国から建国までの千九百年間

問題点の一つは、イスラエルです。

ユダヤという国は、イエス・キリストが西暦《せいれき》三〇年ぐらいに処刑《しょけい》されてから四十年余り後に、マサダの砦《とりで》で最期《さいご》になって、滅《ほろ》びました。

その後、ユダヤ人たちは、「ディアスポラ」といって全世界に散り、千九百年間、国がないままで、あちこちで金貸しをやったりダイヤモンド商をやったり、いろいろなことをしながら生き延びてきました。

そして、「第二次大戦で、ナチス・ドイツ、ヒットラーに六百万人ものユダヤ人がポーランド等のゲットー（強制収容所）で殺されたのは、かわいそうではないか」ということで、戦後、一九四八年に、アメリカやイギリス、フランス等が応援《おうえん》して、今現在あるところ、中東の一部分にイスラエルという国を建ててあげたわけです。

ここまでは、確かに、「ナチスの攻撃を受けたのは、国がなかったからである。かわいそうであった。だから、国があったほうがいいだろう」ということで、シオニズム運動として入植すること自体は、ある程度、考えてあげなければいけないことだったと思います。

イスラエルの事情②――四回の中東戦争で勝《か》った理由

しかし、それからあと、イスラエルは、周辺のイスラム諸国と四回の中東戦争をやっています。第四次中東戦争までやって、全部イスラエルが勝《か》っています。

なぜかというと、アメリカからの軍事支援というか、戦闘機《せんとうき》その他の軍事技術がそうとう強力に入っているからです。そのため、他のイスラムの国たちは勝てないで、四回とも負けているのです。

イスラエルの事情③――日本人が知らないその軍事力

イスラエルは現在でも非常に強い軍事勢力を持っています。日本人はあまり知らないでしょう。幸福の科学の編集部も、私が最新刊の『日本の使命』（幸福の科学出版刊）という本で、「イスラエルは、軍事力で世界第四位の力を持っている」というように言ったら、「総裁は言い間違えたに違いない」と思ったらしく、「（武器輸出では）世界第四位ぐらい」というようにしていたのです。

これは第一刷《さつ》で、次の第二刷から「（実質では）世界四位ぐらい」という記述に直りますけれども、日本人のほとんどは、イスラエルがどのくらいの軍事力を持っているかは知りません。専門家以外は知らないのです。

実際はどうかというと、イスラエルは、核《かく》兵器、核ミサイルを何百発も持っています。

一方、周りのイスラム教国は一発も持っていません。イスラムで核兵器を持っているのは、インドと隣接《りんせつ》して核競争をしているパキスタンだけです。ただ、アメリカは、インドのほうを応援し、インドのほうに軍事技術をだいぶ出しているので、パキスタンは劣勢《れっせい》であることは事実です。

中東に関しては、イスラム教国は核兵器を全然持っていません。イスラエルだけがものすごく強いのです。国内には八百万人しか住んでいないのに、軍人は七十万人前後はいると思います。特に軍事力、兵器力がものすごく強く、たぶん日本より強いはずです。日本の自衛隊と戦ったら、イスラエルが勝ちます。そのくらい強力な攻撃力を持っています。これが一つです。

サウジアラビアの事情①――イランと仲が悪い宗教的理由

それから先ほど挙げたサウジアラビアというのは、かつてイスラム教が起きた国です。

イスラム教はメッカで発生し、北のほうのメジナに移って、そこからメッカを攻《せ》め返して、そして、国ごとイスラム教にしたわけですが、それは今のサウジアラビアにほぼ当たります。

このサウジアラビアという国は、アメリカの同盟国です。

そして、イスラム教には、大きく言って、「スンニ派」と「シーア派」という二つの宗派《しゅうは》がありますが、サウジアラビアはスンニ派の盟主《めいしゅ》です。一方、今、問題が起きているイランは、シーア派の総本山《そうほんざん》です。ですから、仲は悪いわけです。

サウジアラビアの事情②――イランと国交断絶した二〇一六年の事件

特に、二〇一六年には事件がありました。サウジアラビアで、王制の転覆《てんぷく》を図《はか》ったシーア派の三人が公開処刑されたために、イランの人たちはものすごく怒《おこ》り、暴動が起きたりしたのです。あるいは、それ以外のイスラム教国でも、シーア派の人たちが怒って暴《あば》れたところがたくさんあります。

●**二〇一六年には事件が……**　イスラム教スンニ派が多数を占《し》めるサウジアラビアにおいて、2016年1月、シーア派の指導者ニムル師らが処刑されたことにイラン側が反発。イランのサウジアラビア大使館や領事館が襲撃《しゅうげき》されるなど、両国の対立が激化。事態は国交断絶にまで深刻化している。

それで、イランとサウジアラビアは国交を断絶しています。これが起きたのが二〇一六年です。近隣の「スンニ派」と「シーア派」の総本山同士で喧嘩《けんか》しているわけです。

戦争になる寸前まで行きましたが、サウジアラビアのメッカにあるカーバ神殿《しんでん》、ここはイスラム教の中心地であり、日本で言うと伊勢神宮《いせじんぐう》のようなところですが、「ここへの巡礼《じゅんれい》はシーア派でも許す」と認めたために、今のところ、戦争にはならずに、もっています。

サウジアラビアの事情③——「9・11」の首謀者《しゅぼうしゃ》はサウジアラビア人

このサウジアラビアに、アメリカは軍事基地を置いています。

一九九〇年、九一年に起きた湾岸戦争のときから、アメリカはここに軍事基地を置いていたわけで、それで、「イスラム教国のなかに、他の宗教、要するにキリスト教国の軍事基地があるのはおかしい」という反対運動が当然起きてきたわけです。

この反対運動をやっていたのが、サウジアラビア人のオサマ・ビン・ラディンです。

この人が、二〇〇一年九月十一日にテロを起こしたわけです。有名なのは、ワン・ワールドトレードセンターと、ツー・ワールドトレードセンターに旅客機が飛び込《こ》んで、壊《こわ》した事件です。最近なのでこれが有名ですけれども、これをやったのは、実はサウジアラビア人なのです。

それなのに、アメリカはイラクを攻撃し、イラクの大統領（サダム・フセイン）を縛《しば》り首にしてしまいました。アメリカは、カッとなると、この程度の間違いを起こしやすい国ではあります。

サウジアラビアの王族と、（アメリカの）ブッシュ〝王朝〟というか、ブッシュ親子は非常に仲が良かったので、アメリカは「まさか」と思ったわけですけれども、「異教徒の軍隊（米軍）を聖地に入れたということで、やはり、なかから反乱する人たちが出てきた」ということです。

それで、9・11のテロとは関係のないイラクが……。まあ、クウェート侵攻《しんこう》時の湾岸戦争のときは関係がありますけれども、次の9・11のときは関係がなく、アメリカの攻撃はたぶん誤爆に近く、イラクは大量破壊《はかい》兵器がなかったのに、国ごと滅ぼされた状態になりました。こういうことが起きたわけです。

アメリカのイランへの挑発《ちょうはつ》は「やりすぎ」、戦争は「早すぎ」

スンニ派とシーア派の違いはありますが、次、アメリカが考えているのはおそらく、「イランもイラクのようにしてしまいたい」ということでしょう。そういう気持ちはあると思います。

そこで、トランプさんの守護霊《しゅごれい》にも、どう思っているのか訊《き》いてみました。すると、「一撃とは言わないが、ちょっと制裁を加えて親米の政権に変えたい」というようなことを言っていました。親米にさせようとすること自体は別に構わないと思いますが、「戦争に出るのは早すぎる」という気がします。

アメリカは、ドローン（無人偵察機）を飛ばしたりしています。「撃墜《げきつい》されてアメリカが被害《ひがい》を受けた」という言い方もありますけれども、挑発《ちょうはつ》している面もあります。

イランの軍事情勢が分かるように（偵察する）ドローンを飛ばしていたら、それは撃ち落とすでしょう。日本の近海で飛ばしていたら、日本も撃ち落とすでしょうから、（アメリカは）少しやりすぎのところはあります。

7　日本の生命線を死守《ししゅ》する方法

東日本大震災《だいしんさい》以降、化石燃料に頼《たよ》る日本の危機

日本の場合、原油はまだ中東にほとんどを依存《いぞん》しています。そして、タンカーへの攻撃《こうげき》があったホルムズ海峡《かいきょう》は、ペルシャ湾《わん》からインド洋に出てくるところにあります。幅《はば》は狭《せま》いところで数十キロしかありませんが、ここを通らずには中東に行けないので、おそらく、日本に来る原油の八十パーセントぐらいは、ホルムズ海峡を通っているはずです。

そのため、ここで戦争が起きたり機雷封鎖《きらいふうさ》されたりして、それが長期化した場合には、日本には原油が入ってこなくなります。

さらには、先ほど触《ふ》れた中国も、「一帯一路《いったいいちろ》」戦略で、中東からヨーロッパにま

で、「海のシルクロード」と「陸のシルクロード」をつくろうとしているので、ここで何もなくても、中国海軍にこの海の道を押《お》さえられたら、日本に石油が入らなくなる可能性があるわけですけれども、それ以前に、ここで中東戦争がまた起きてしまっても、石油が入らなくなるわけです。これは大変なことです。

特に近年、日本は、東日本大震災《だいしんさい》が起きてから、化石燃料に戻《もど》っていく流れが強いのです。化石燃料といっても、石炭はあまり使っておらず、やはり石油のほうが強いのですが、その石油の八割ぐらいがここを通っているなら、電気が止まってしまう可能性があるわけです。

幸福実現党は、だから原発再稼働《さいかどう》を訴《うった》え続けている

今回の事件で、「タンカーは〝油の塊《かたまり》〟になっていたら、攻撃されたらすぐに燃える」ということがよく分かったと思いますが、今の状態では、自衛隊はこの危機から日本のタンカーを護《まも》り切ることはできません。とてもではありませんが、護れ

ないのです。

したがって、幸福実現党は、票にはならないけれども、「原子力発電の再稼働《さいかどう》」を強く主張しています。これは非常に大事なことです。本当に危ないのです。石油の八割が止まったら、日本の産業はほとんど止まります。動かなくなります。全部停電です。ロウソクを立てて講演会をやるしかありません。

もう笑っていられないんですよ。北海道も石炭はほとんど出ないのですから、これは大変なことなのです。

東日本の方は、先の3・11(二〇一一年)の大震災で死者・行方不明者《ゆくえ》で二万人近い被害《ひがい》が出て、それが尾《お》を引いているので、原子力発電について嫌悪《けんお》感が強く、「原発に反対すれば票になるし、賛成すると叩《たた》かれる」ということが続いています。

しかし、地震が起き、津波《つなみ》で一万五千人の死者と何千人かの行方不明者が出ましたが、原子力発電所が〝爆発《ばくはつ》〟し、みんなが〝吹《ふ》っ飛んで死んだ〟わけではないのです。私はそのことをときどき指摘《してき》しています。みんな忘れて、原子力発電所の事故で死んだように思っている方がたくさんいるからです。報道がそういう感じで延々とやっているからです。

四十パーセント以下の食料自給率の克服法《こくふくほう》

このようななかで大事なことは何でしょうか。

今、非常に〝きな臭《くさ》い〟時代に入ってきています。日本の食料の自給率も四十パーセントを切っていますし、さらに、エネルギーの自給率もほとんどない状態です。この「食料」と「エネルギー」のところが止まったら、もはや生きていけません。いくら勤勉の精神、勤労精神を発揮したとしても、エネルギーと食料がなければ、〝ほぼ終わり〟となります。

したがって、ここは何としても死守《ししゅ》しなければなりません。少々の異論を乗り越《こ》えてでも死守しなければならないのです。

北海道などはもっと食料を増産しなければ駄目《だめ》でしょう。国内だけでは駄目です。

世界では飢《う》えている人が大勢いて、十億人近くも食料不足で苦しんでいると言われています。

なかにはゴキブリを揚《あ》げて食べたりしている人もいるのですから、それよりは、北海道の豊かな農作物を食べたほうがよいのではないでしょうか。

もっとも、ゴキブリを食べたことのある人によれば、けっこうカリッとしていて、ゴキブリだと分からないそうです（会場笑）。食べ慣れれば〝かっぱえびせん〟でも食べている気になるらしいので、それでもよいのかもしれませんが、ただ、ゴキブリよりも前に、もう少し農産物を増産する努力や、さらに生産性を上げる努力はしてもよいのではないでしょうか。十億人が飢えているのです。

北朝鮮《きたちょうせん》にしても、人口二千五百万人のうちの一千万人は飢えているといいますから、本当にそれは必要です。

そういう意味では、海外に輸出できるぐらいの生産性、価格競争力も必要でしょう。

リニアの電力消費は新幹線の十倍、だからこそ原発は必須《ひっす》

また、「エネルギーの自給」もほとんどできないのです。北海道ではある程度の風が吹くので風力発電もできていますし、太陽光発電も行《おこな》っているものの、これで日本の産業を引っ張っていくのは無理です。これだけでは発電量が少なすぎるし、弱すぎるし、脆《もろ》すぎます。やはり、「自然の力」に頼《たよ》りすぎでしょう。

それから、この十年ぐらいで「リニアモーターカーの時代」に入ると思われますが、リニアモーターカーは新幹線の十倍もエネルギーを食うのです。つまり、日本全体にリニアを走らせようとすれば、絶対にエネルギー不足となるわけです。

要するに、国内に石油が入るか入らないかも分からないような状態でリニア網《もう》を敷《し》いても、動かなくなります。そのため、原子力は絶対に必要なのです。原子力の推進はしなければいけません。

裁判所の原発再稼働《さいかどう》判断に「無理がある」理由

しかし、最近の裁判所における判決を見ると、「原子力発電所は不測の事態に備えなければいけない」というようなことを言っています。

例えば、原発を再稼働《さいかどう》する条件として、9・11、アメリカのニューヨークのビルにジェット旅客機が突《つ》っ込《こ》んだように、今後は、原子力発電所に突っ込んでも持ちこたえるぐらい丈夫《じょうぶ》で、遠隔《えんかく》で原子力発電の機能を止められる装置を準備しなければ、再稼働はさせないなどという判決を出したところもあります。

これは少々無理を言っていると思うのです。これは無理でしょう。JAL《ジャル》であるかANA《エーエヌエー》であるかは問わず、数百人規模の乗客が乗っているジェット旅客機で首相官邸《かんてい》に突っ込んでごらんなさい。それを自衛隊が撃ち落とせると思いますか。いや、できないでしょう。

「何百人乗っていますか」と問うたら、「三百人」あるいは「五百人」と分かったとして、「撃ち落とせ！」と言えますか。これを命令するのは首相ですから、「首相官邸に突っ込んできそうだから撃ち落とせ」と言えるかといえば、言えないと思います。やはり、言えるはずがありません。自衛隊機でも撃ち落とせないでしょう。

そのため、首相は、地下シェルターに逃《に》げ込むか、首相官邸から外に逃げるか、どちらかを選ぶしかないのです。間に合わなかったら死ぬしかないのです。

首相官邸でもそういう状態なので、原子力発電所にそこまで言うのは無理だと、私は思います。

もし、ものすごく巨大《きょだい》な天変地異が起きたり、戦争になったりしたら、何でも攻撃されますから、これはもうしかたがありません。そのときには最善の手を尽《つ》くすしかないでしょう。それよりも、平時の状態で危機にならないような、戦い続けられる姿勢は続けるべきだと思うのです。

8　日本よ、正しい針路を取れ

「年金問題」の解決となる「移民」政策

先ほどの年金制度の話に戻《もど》りますと、「年金が払《はら》えなくなる」などといろいろ言っていますけれども、すでに方法はだいたい見えています。

一つは「移民」です。

移民でも、日本語を話すことができ、親日家で、日本のために尽《つ》くしたいと考え、やがては母国に帰って、日本で学んだことについて教えたいというような人たちであるならば、働いてくれれば税金は納めてくれます。したがって、若い人口が減っているなら、不足分として移民を順番に入れていけば、労働人口を補《おぎな》えるので、「高齢者《こうれいしゃ》に対する年金の部分」は補えます。

ただ、彼らにも、日本に対する「愛国心」と「日本語の教育」をきちんとしなければなりません。

できれば、六十五歳《さい》以上の人は、海外から来る人たちに日本語を教える仕事も、もう少し取り組んでみてほしい。これはできると思うので、日本語を教える人がもう少し要《い》ると思います。たくさんつくらないといけないので、こういうことも頭に置いてください。

それと、もう一つ言えることとしては、たとえ人口が減ったとしても、交通量も減りますし、土地も家屋もたくさん空《あ》いてきて住みやすくなるので、生活は楽になるはずです。そういうこともあるでしょう。

宗教の公益活動は、人生百年社会のセーフティネット

さらに言えることとしては、幸福実現党は宗教を母体にしているので、「宗教のほうの力も使うべき」だと思います。

宗教法人として公認されているものは公益法人です。公益法人として、宗教活動に関しては税金において優遇《ゆうぐう》制度が適用されています。それは、やはり、「人と人の絆《きずな》を強くせよ」という意味だと思うのです。

「晩年、独《ひと》りになって、孤独死《こどくし》するのではないか」と心配している人や、「ゴミ屋《や》敷《しき》に住むのではないか」などと心配している人も数多くいるかもしれませんが、そういう人は宗教に入ったほうがよいと思います。

宗教に入れば、年齢を超《こ》えた人たちとの付き合いがあり、毎月、布教誌を配りに来てもらうだけでも、その人が生きているか死んでいるかぐらいは見てくれます。それは、東京等にいる遠くの息子《むすこ》たちよりも絶対に役に立つので、やはり宗教に入ることも一つのセーフティネットではないでしょうか。

さらに、死んだあとまで（宗教の）メンテナンスは続いていますから、絶対に有利だと、私は思っています。

日露《にちろ》平和条約、これだけの大きなメリット

そのようなわけで、北海道の地を考えるに際しては、もう一段の「食料生産」を増やすことが一つです。

それから、エネルギー供給については、「原子力の再稼働《さいかどう》」もよく考えてもらいたいところです。

さらに、先ほどロシア問題についても述べたように、安倍《あべ》首相はプーチン大統領と（G20《ジートゥエンティ》で）もう一回会うと思いますけれども、これについても言っておきたいのです。

サンフランシスコ講和条約ではアメリカとは終戦の条約を結びましたが、ロシア（旧ソ連）のほうとはきっちりできていませんでした。ですから、「とにかくロシアを敵にしない」ということだけでも構わないのです。「平和条約を結んで、今後、友好にやっていきましょう」というだけでもよいのです。それでもスタート点になります。

まずは、「敵にしない」「仮想敵にしてお互《たが》い攻撃《こうげき》し合わない」という関係をつくるだけでも、中国危機やその他のものに対応できるようになるでしょう。ロシアは資源大国であり、天然ガスも石油もあります。したがって、ここが万《まん》一《いつ》のときのエネルギー供給源にもなります。これも大事なことなので言っておきたいと思います。

ロシアとトンネルでつながる幸福実現党の構想

幸福実現党から、さまざまな意見、考え方が出ています。しかし、政府からは出ていないし、野党からも出ていません。ですから、勇気は要りますが、こうした新しいものの考え方は未来を見据《みす》えて言っているものであるので、どうか、「勤労精神」を忘れず、仕事以外においても勤勉に物事は伝えていってほしいと思います。

先ほど、「ロシアのほうに抜《ぬ》けていくには、一兆何千億円あればトンネルを

●ロシアのほうに……　幸福実現党の北海道本部統括支部長の森山《もりやま》よしのり氏は、「産業創出と交通革命で北海道を繁栄の大地に！」をスローガンに、「1. 経済成長へ、消費税5%に減税と日本企業の国内回帰、バイ・ジャパニーズの動きをつくる」「2. 脅威に屈せぬ国防を！」「3. 北海道の繁栄の実現！」と訴えている。国防的観点から「日露平和条約の早期締結」を推《お》し進めるとともに、「稚内《わっかない》とサハリンを結ぶ海底トンネルの建設を進め、リニア新幹線等で結ぶ」という構想も訴えている。

つくることができますよ」といった大きな話をしている人がいましたけれども、私には事前に報告がありませんでした（会場笑）。

ですから、幸福実現党の総裁は非常に〝軽い〟立場だなと思っています（笑）。一兆数千億円程度のものは、幸福実現党総裁の稟議《りんぎ》に値《あたい》しないことで、北海道で勝手にやればいいこと、議員が言えばできることらしい。そうであるなら、やったらいいですよ（会場拍手《はくしゅ》）。

やってのける責任を持つ幸福実現党

かつて、瀬戸内海《せとないかい》には瀬戸大橋など三本の橋が架《か》かりました。あのときにも議論はありました。

「三本も要らない」と言う人もいました。もし、橋が一本だけだったら新幹線が通ったのです。しかし、各県が文句《もんく》を言うので、三本通すことになったわけですが、三本も通したら新幹線が通らなくなったのです。新幹線は三本のうちのどこを走ればよいのか分からなかったからです。通らなかったところは怒《おこ》るでしょう。鳴門《なると》に大橋が架かると決まったときには、「ああ、徳島にも新幹線が通るんだな」と思って喜んでいたのですけれども、あと二本架かることになったら、結局、通らなくなってしまったということもありました。

そういう地域の競争がエゴになる場合もありますが、北海道の人が「一兆幾《いく》らで通せるから〝安い〟ですよ」と言っているので、きっと通るのでしょう（会場笑）。

みなさんの応援《おうえん》は北海道の未来を非常に明るくします。そのことを強く言っておきたいと思います。

幸福実現党総裁など、ただの〝帽子《ぼうし》〟にすぎないので、こんなものは夏が終わったら捨てられるぐらいの、本当に軽い存在ではありますけれども、活動家たちは自分の言葉に責任があるので、やってのける必要があるでしょう。

さまざまに新しいアイデアや発明・発見を言っていますので、力強く応援してくださればありがたいと思っています。

私にできるのは単純なことです。私ができることは残念ながら〝客寄せ〟だけなのです。

ここの会場（ANA《エーエヌエー》クラウンプラザホテル千歳《ちとせ》）を借り、設営をするのに幾らかかると思いますか。みなさんから頂いているこの入場費は幾らだと思いますか。

この会場には千人ぐらいの人が入っています。そして、入場費が一千万円ぐらい、設営費が三千万円なのです。つまり、二千万円の赤字なのです。さあ、こんなことをしていいのでしょうか。それでは潰《つぶ》れてしまいます。大変なことです。

しかし、衛星中継《ちゅうけい》会場の人がお払いくださるので、残念ながら赤字にはならずに黒字なのです。

ただ、私以外の人がする場合は、衛星会場で埋《う》めてくださりませんので、赤字になります。そのため、〝人寄せパンダ〟として、私はここに来ているわけです。

何とかこの使命を果たさせてください。

どうか、本会場は赤字でもやっているのだということだけでも忘れずに、マイナス二千万円の部分を北海道の地で頑張《がんば》ってください。お願いします（会場拍手）。
そのように強くお願いして終わりにしたいと思います。ありがとうございました。

第二部　中東情勢を動かす宗教パワーの深層

――ハメネイ師守護霊《しゅごれい》、ネタニヤフ首相守護霊の霊言《れいげん》

「霊言現象《れいげん》」とは、あの世の霊存在の言葉を語り下ろす現象のことをいう。これは高度な悟《さと》りを開いた者に特有のものであり、「霊媒現象《れいばい》」（トランス状態になって意識を失い、霊が一方的にしゃべる現象）とは異なる。外国人霊の霊言の場合には、霊言現象を行う者の言語中枢《ちゅうすう》から、必要な言葉を選び出し、日本語で語ることも可能である。

また、人間の魂《たましい》は原則として六人のグループからなり、あの世に残っている「魂のきょうだい」の一人が守護霊《しゅごれい》を務めている。つまり、守護霊は、実は自分自身の魂の一部である。したがって、「守護霊の霊言」とは、いわば本人の潜在《せんざい》意識にアクセスしたものであり、その内容は、その人が潜在意識で考えていること（本心）と考えてよい。

なお、「霊言」は、あくまでも霊人《れいじん》の意見であり、幸福の科学グループとしての見解と矛盾《むじゅん》する内容を含《ふく》む場合がある点、付記しておきたい。

第1章

ハメネイ師守護霊《しゅごれい》の霊言《れいげん》③

二〇一九年六月十七日　収録
幸福の科学 特別説法堂《せっぽうどう》にて

アリー・ハメネイ（一九三九～）

イランの宗教家、政治家。シーア派の聖地ナジャフの神学校で学んだ後《のち》、聖地コムの神学校ではホメイニに師事する。イラン革命に参加し、革命後は、イスラム革命評議会委員、国防次官、イスラム革命防衛隊司令官、最高国防会議議長などを歴任。一九八一年に大統領に就任し、一九八五年には再選を果たす。初代最高指導者であるホメイニの死後の一九八九年に、第二代最高指導者となる。

質問者

大川紫央《おおかわしお》（幸福の科学総裁補佐《ほさ》）

神武桜子《じんむさくらこ》（幸福の科学常務理事 兼《けん》 宗務《しゅうむ》本部第一秘書局長）

［質問順。役職は収録時点のもの］

1　イスラム圏《けん》と日本神道《しんとう》の深い関係

ハメネイ師守護霊が信仰《しんこう》の厳しさを語る

大川紫央　ハメネイ師、ハメネイ師。「エル・カンターレ信仰《しんこう》」を持たれますハメネイ師。

（約五秒間の沈黙《ちんもく》）

ハメネイ師守護霊　ハメネイです。

神武　こんばんは。

ハメネイ師守護霊　はい。

大川紫央　わざわざ、大変なときにお呼びしてしまい、申し訳ありません。

ハメネイ師守護霊　はい。今、大変です。

大川紫央　大変ですよね。

ハメネイ師守護霊　うん。

大川紫央　ごめんなさい。

演説を行うイランの最高指導者ハメネイ師（2019年４月３日、イラン・テヘラン）。

ハメネイ師守護霊　ちょっとね、揉《も》めています。

大川紫央　日本の神には思い上がっている人が多く、「エル・カンターレ信仰」を持とうとしません。こういう場合には、どうするべきでしょうか。

ハメネイ師守護霊　やはり、砂漠《さばく》の地帯に連れてくるべきです。そうしたら、砂を掘《ほ》って埋《う》めて、首だけ出して、みんなで石をぶつけますから。

大川紫央　（苦笑）でもねえ……。

ハメネイ師守護霊　「石打ちの刑《けい》」です。

神武　そのぐらいしないと、反省できない……。

●大変なときに……　2019年6月13日、中東のホルムズ海峡付近で、日本とノルウェーのタンカーが攻撃を受けた。それに伴《ともな》い、アメリカは「イランに攻撃の責任がある」と述べるなど、イランとの緊張関係が続いていた。

ハメネイ師守護霊　そう。そのぐらいしないとねえ、もう、どうしようもない人もいる。「石打ちの刑」をやって、魂《たましい》に深く刻み込《こ》むことが大事。

大川紫央　（苦笑）

「日清戦争のときには、東郷平八郎《とうごうへいはちろう》先生は〝同僚《どうりょう》〟でした」

大川紫央　ハメネイ師は日本霊界《れいかい》をご存じですか。

ハメネイ師守護霊　うん。そうずっと精通しているとは言えないけれども、うーん、まあ、かねがね……。ええ。

神武　日本にお生まれになったこともありますよね？

ハメネイ師守護霊　うーん。うーん。それを訊《き》きますか。でも、イランの最高指導者だからね、今は、それは言いにくい。

神武　日露《にちろ》戦争とか、かかわらなかったですか。

ハメネイ師守護霊　うーん。日清戦争には加わったような気がする。

神武　おお。日清戦争で、どんなご活躍《かつやく》をされたんでしょうか。

ハメネイ師守護霊　李鴻章《りこうしょう》（注。清《しん》の武将・政治家。日清戦争で陸海軍を率《ひき》いたが敗れ、講和条約締結《ていけつ》の際には清側の全権大使を務めた）をやっつける仕事をして……。そのときには、東郷《とうごう》（平八郎《へいはちろう》）先生は〝同僚《どうりょう》〟でした。

神武　おお。

大川紫央　なるほど。

神武　「一緒《いっしょ》に戦われた」ってことですね?

ハメネイ師守護霊　ああ、〝同僚〟でした。

大川紫央　でも、「年齢《ねんれい》は上でお生まれになっていた」ってことかな。

ハメネイ師守護霊　うーん。私も、そのころには、まだ、そんなに年ではなかったんですけどね。

大川紫央　じゃあ、東郷元帥《げんすい》と……。

神武　同世代？

ハメネイ師守護霊　ええ。近いですね。比較《ひかく》的ね。

神武　帝国《ていこく》海軍？

ハメネイ師守護霊　うーん……。まあ、日清戦争ではですね、船に乗っていましたけど。

なかなか過去世《かこぜ》を明かそうとしないハメネイ師守護霊

大川紫央　日露戦争のときは？

ハメネイ師守護霊　（そのとき）は海軍とは限らないですよね。

大川紫央　じゃあ、官僚のほうに行ったとか？

ハメネイ師守護霊　うーん。まあ、戦争はしていましたよ、とにかく。うん。

大川紫央　山本権兵衛《やまもとごんべえ》（注。海軍軍人。海軍大臣を長く務め、日露戦争の開戦直前に東郷平八郎を連合艦隊《かんたい》司令長官に任命した）とか……。

ハメネイ師守護霊　ああ、なるほど。

大川紫央　そういう人、いますよね。「（連合艦隊司令長官は）東郷さんでいきたい」って言った人。

ハメネイ師守護霊　うーん。

大川紫央　（そういう人）とか、いろいろいらっしゃいましたよね。

ハメネイ師守護霊　うん。偉《えら》い人がね、たくさんいましたからね、当時は。

神武　お名前を明かしていただけますか。

ハメネイ師守護霊　いやあ、それを今言うのは……。うーん。まあ、いいのかなあ。今、イランの最高指導者だからね。

大川紫央　フィリピンのドゥテルテ大統領（の過去世《かこぜ》）は乃木《のぎ》（希典《まれすけ》）将軍なんですよ。

ハメネイ師守護霊　なるほど。

大川紫央　プーチン（の過去世）は徳川吉宗《とくがわよしむね》です。

ハメネイ師守護霊　うーん。でも、あなたがたは、たぶん、歴史にそんなに詳《くわ》しくないんじゃないかな。

●ドゥテルテ大統領（の過去世）……　『ドゥテルテ フィリピン大統領 守護霊メッセージ』（幸福の科学出版刊）参照。

●プーチン（の過去世）……　『ロシア・プーチン新大統領と帝国の未来』（幸福実現党刊）参照。

神武　あっ、ごめんなさい。

ハメネイ師守護霊　詳しくないと思うんですがね。そこまで詳しくないから、言っても……。

神武　出身地はどちらでしょうか？　出身の藩《はん》。

ハメネイ師守護霊　うーん。（約五秒間の沈黙）はあー（ため息）。確かに乃木さんなんかも知ってはいますよ。うん。乃木さんね。
あんときの隊はね、五つぐらいあったかな。

大川紫央　二〇三高地は？

ハメネイ師守護霊　知ってますよ。

神武　秋山《あきやま》（好古《よしふる》・真之《さねゆき》）兄弟は？

ハメネイ師守護霊　知ってますよ。

大川紫央　児玉源太郎《こだまげんたろう》は、違いますね（注。陸軍軍人。日露戦争の際には満州《まんしゅう》軍総参謀長《さんぼうちょう》を務めた。児玉源太郎の転生《てんしょう》に関しては『広開土王《こうかいどおう》の霊言《れいげん》　朝鮮《ちょうせん》半島の危機と未来について』〔幸福の科学出版刊〕参照）。

ハメネイ師守護霊　児玉さんはね、やっぱり大物ですからね。

「日露《にちろ》戦争のときには陸軍にいて、実戦では乃木《のぎ》よりも強かった」

神武　ヒントをください。

ハメネイ師守護霊　はあ（ため息）。いやあ、日露《にちろ》のときには陸軍。陸軍で、実は最も恐《おそ》れられた者の一人です。実戦では乃木《のぎ》よりも強かった。あなたの知識にあるかどうかは知らない。

大川紫央　乃木将軍の「戦略」が……。あれは児玉源太郎か。

ハメネイ師守護霊　そうですな。児玉先生は、もう一段、格上ですが。

大川紫央　そうなんですね。

ハメネイ師守護霊　（約五秒間の沈黙）はあ（ため息）。（約五秒間の沈黙）フーッ（息を吐《は》く）。

大川紫央　「二〇三高地で戦った」ってことですか？

ハメネイ師守護霊　あのね、幾《いく》つかの隊がありましてね。うーん。まあ、乃木軍は動かなかったですね。だけど、ロシア軍を急襲《きゅうしゅう》して〝蹴散《けち》らした〟隊があるんですよ。

神武　そこを率《ひき》いていた？

ハメネイ師守護霊　はい。（あなたがたがその）名前を出したら認めますが、出なかったら言いません。

大川紫央　ちょっと待ってね。

神武　（笑）

大川紫央　黒木《くろき》さんじゃない？

ハメネイ師守護霊　当たりました。

大川紫央　はいっ！

神武　黒木さん。

大川紫央　黒木為楨《ためもと》さん。
ハメネイ師守護霊　そうです。黒木がいちばん強かったんです、ほんとは。
神武　かっこいい。
大川紫央　じゃあ、日清・日露のときも、すごい英雄《えいゆう》だらけだったんじゃないですか。
ハメネイ師守護霊　うん。乃木さんは、戦争では、ほんとは強くなかったんです。徳があったけど。
大川紫央　なるほど。

●**黒木為楨**（1844 ～ 1923）　陸軍大将。薩摩《さつま》藩出身。戊辰《ぼしん》戦争、西南戦争、日清・日露戦争に参戦。日露戦争では、第一軍司令官として奉天《ほうてん》の会戦《かいせん》でクロパトキン指揮のロシア軍を破り、勇名《ゆうめい》を轟《とどろ》かせた。後、枢密《すうみつ》顧問官となる。

ハメネイ師守護霊　戦争は弱かったんですが、黒木は、戦争は強かったんです。ほんとに。

黒木にやられてるんです、ロシアが。

大川紫央　なるほど。

ハメネイ師守護霊にとって「東郷平八郎《とうごうへいはちろう》再誕」は喜ばしいニュース

大川紫央　（黒木さんは）薩摩《さつま》藩（出身）ですよ。

ハメネイ師守護霊　だから、東郷《とうごう》さんとはね、僚友なんですよ、本当は。

大川紫央　へえー。

ハメネイ師守護霊　だから、「東郷平八郎《へいはちろう》再誕」は喜ばしいニュースで、ぜひとも、やっつけてほしい（注。現在、東郷平八郎は大川咲也加《さやか》・直樹《なおき》夫妻の長男・大川隆一《りゅういち》として生まれ変わっている）。

黒木為楨、分かりましたか、あなたに。

大川紫央　はいっ。日露開戦後、全軍に対し、「忠誠を尽《つ》くし、武勇を振《ふ》るい、速《すみ》やかに平和を克服《こくふく》せざるべからず」という訓示をなさったらしい。

ハメネイ師守護霊　はい。黒木はねえ、直観力に優《すぐ》れていたんでね。

大川紫央　なるほど。

ハメネイ師守護霊　それをロシア軍はよく分からないから、「乃木が強い」と思ってね。

「乃木が来るぞ」って言ったら、みんな、「鬼《おに》が来るぞ」みたいな感じで怖《こわ》がって……。（それで）子供を脅《おど》していたんですけど、夜ね。寝《ね》ない子供を。

大川紫央　そうしたら、今（ハメネイ師は）八十歳《さい》だから、（黒木さんの死後）そうとう早く生まれて……。

ハメネイ師守護霊　いや、私みたいな魂は、もう溢《あふ》れ返っていますから。そんなの考えなくても、必要なものは出てきますから。

大川紫央　大きいから、魂が。出るところが違うんですね。

ハメネイ師守護霊　全然気にしないでいいです。（足の多い）タコみたいなものなんで。

大川紫央　へえー。すごーい。

ハメネイ師守護霊　黒木の活躍を、今の日本人はもうほとんど知らないからね、残念だけど。

でも、東郷（元帥の再誕）はうれしいから、それで、今、私は、あなたがたに対して、弟子《でし》の礼《れい》を取っているので。

神武　ありがとうございます。

大川紫央　なるほど。

ハメネイ師守護霊　「東郷のじいさま（注。ここでは祖父・大川隆法総裁を指す）」となったら、すごいことですから。

日本神道《しんとう》とイスラム圏《けん》とは交流がある

大川紫央　今、イランはシーア派じゃないですか。

ハメネイ師守護霊　はい。

大川紫央　転生としては、もちろん、スンニ派に生まれたこともある……。

ハメネイ師守護霊　いや、そんな小さいことには、こだわっていないですから。

大川紫央　関係ない？　ということですね。

ハメネイ師守護霊　はい。大丈夫《だいじょうぶ》です。
でも、「日本神道《しんとう》とあちらのイスラム圏《けん》とは交流があるんだ」って言っているんです。

大川紫央　日本のために戦ってくださって……。

ハメネイ師守護霊　はい。だから、国のために戦う宗教者なんですよ。

神武　では、日清・日露で戦った英雄たちで、ほかにも中東に生まれている人がいるんでしょうか。

ハメネイ師守護霊　いますよ。それはいるけれども、あなたがたには知識がほとんどないから、ほんとに難しいと思います。
ホメイニだって、探せば出てきますよ、たぶんね。ただ、今の（日本）人はホメイニも知らないから、もう。

大川紫央　でも、わりと最近の……。

ハメネイ師守護霊　いやあ、だから、「東郷元帥（が再誕した）」と聞いたら、震《ふる》えが来ましたよ。

大川紫央　へえー。

ハメネイ師守護霊　うれしくて体がブルブル震えた。だけど、「年が違うから、もう会えないだろうなあ」と思って……。

●ホメイニ（1902～1989）　イランの宗教家、政治家。イスラム教シーア派の指導者。パーレビ王朝の政治に強く反対したため国外追放となるも、1979年、イラン革命を指導し、イラン・イスラム共和国の最高指導者となった。

大川紫央　そうですねえ。じゃあ、せめて写真でも。

ハメネイ師守護霊　うーん。

神武　日本には、ほかの時代にも生まれていますか。

ハメネイ師守護霊　そりゃあ、あるよ。

神武　外国の脅威《きょうい》があったときですか。

ハメネイ師守護霊　あるけど、それはまた、日本史が、あなたがた、〝細《こま》かく〟なると難しいでしょう?

神武　はい、すみません。

ハメネイ師守護霊　ねえ？　天皇を護《まも》って戦ったぐらいの過去世はありますよ、そりゃあね。

2　イスラム教から見たキリスト教の限界点

「ギリシャの民主主義は最高のものと思うべきではない」理由

神武　イランは、昔から、ペルシャの時代から西洋社会とぶつかっているんですけれども、古くは、専制国家のペルシャ 対 自由、民主主義の……。

ハメネイ師守護霊　ギリシャでしょう?

神武　はい、ギリシャ。

ハメネイ師守護霊　うん、うん。だから、今回ね、あなたがたも、これ、ちょっと、ぶつかっちゃったね。

ギリシャの民主主義とね、ペルシャの大軍ね。あれのときはペルシャのほうが強くてねえ。あちらの、ギリシャの民主主義は、ほんと、もう崩壊《ほうかい》寸前だったんですけどね。

まあ、それはねえ、「民主主義」といっても名前ばかりでね。ほんとは「貴族制」だったんですよ。

だけど、軍人が欲《ほ》しいからね。軍隊が欲しいから、奴隷《どれい》階級でも何でもいいから、軍人に応募《おうぼ》してきて戦った人は、戦功をあげた人は、みんな、ギリシャ市民にしてくれたんですよ。

それが「民主主義の始まり」なんで、まあ、現代史ではね。昔は別として、現代史は。

ギリシャの民主主義っていうのは、例えば、「ベトナム戦争で黒人が敵を倒《たお》したりしたら、白人扱《あつか》いしてやる」みたいな感じ、「投票権をやる」とかいうような感

●ギリシャの……　前５世紀にギリシャとペルシア帝国との間で行われたペルシア戦争では、ペルシアは４度にわたってギリシャに侵攻。前480年にはアテネを占領するも、サラミスの海戦やプラタイアイの戦いに敗れ、前449年、カリアスの和約で終結。

じに近かったのよ。

だから、最高のものと思うべきではないと思いますよ。そういうものじゃない。

親不孝社会となっている日本に必要なのは「明治男」

大川紫央　エル・カンターレは、「中東の問題」などまで解決してあげたいと思っているんですけれども、近いところから、「もう引退してくれ」とか、「自分のほうが偉《えら》い神様なんだ」とか。

ハメネイ師守護霊　ああ、それはもう、戦地に送るのがいちばんですね。

大川紫央　「エル・カンターレのほうが前座で、自分のほうが本番の神だ。エル・カンターレは単なる土台なんだ」とか……。

ハメネイ師守護霊　戦地に送りなさい、戦地に。

大川紫央　もう、そういう議論をしている時間すら……。最近は、ここ三年ぐらいずっと続いているので。エル・カンターレに、そんなことを……。

ハメネイ師守護霊　それは、でも、日本社会全体の投影《とうえい》なんですよ。日本社会全体が親不孝社会にもうなっているので。
　だから、老後の世話を国が見なきゃいけないっていう。「年金が尽《つ》きて、食っていけなくなる」とか言ってるんでしょう？　みんな親不孝者なんですよ。日本社会全体の問題なんですよ。
　これは、立派なねえ、昔の、明治男みたいな人が出てこなきゃいけないんですよ。

大川紫央　〝東郷《とうごう》さん〟を育てる上で、何か、アドバイスはありますか。

ハメネイ師守護霊　うーん、まあ、この文化の風潮のなかではちょっと厳しいものはありますね。堕落《だらく》しないのはそうとう厳しいから、反面教師として、おじとかおばとかがいるんじゃないですか。

大川紫央　なるほど。

ハメネイ師守護霊　そういう惨《みじ》めな失敗をした人が、ちょっと身近にいたほうがいい。まあ、そのために存在してんじゃないですか。

ああいうふうにならないように、ということでね。まあ、ご両親はいいところを選んだと思ってますよ。まあ、隔世《かくせい》遺伝でね？

息子《むすこ》たちは似なかったんで。あの、うん、おじいさんの隔世遺伝は、孫に出る。うん。きっとそうなる。

神武　はい。

ハメネイ師守護霊　うーん。

大川紫央　じゃあ、しっかり、お護《まも》りして。

ハメネイ師守護霊　うん、だからねえ。縁《えん》はあるんですよ。

イスラム教に対する偏見《へんけん》を指摘《してき》するハメネイ師守護霊

ハメネイ師守護霊　今、アメリカ、イギリス、サウジアラビア、イスラエルが「イランを攻撃《こうげき》しろ」って言って、燃え上がってるけど、やっぱり、ちょっとね、「火消し」をしといてくださいよ、なるべく。それは、考え違《ちが》いだから。

自分たちのほうが優位だと思ってるんですよ。文化的に、文明的に、上だと思って、見下《みくだ》してるんですよ。見下してて、まあ、かつての、アフリカを植民地にしたような、そんな気持ちがあってね。

あのねえ、イスラム教を全部、攻《せ》め滅《ほろ》ぼして、実は、イスラム教自体を二流宗教に落として、ブードゥー教みたいにしてねえ、キリスト教に全部、変えたいんですよ、石油の産油国を。

イスラム教国であることがね、許せないんですよ。

イスラム教全部をねえ、イスラエルに支配させてねえ、そして、キリスト教が保護してやるみたいな感じでもいいと思ってるんですよ、イスラム教よりはね。

イスラム教をね、〝原始人〟で、〝殺人者〟の塊《かたまり》だと思ってるから、みんな。

ムハンマドの時代には、キリスト教やユダヤ教と共存していた

大川紫央　先日、ロウハニ大統領守護霊からも、「ユダヤ教を滅ぼしたのは、キリ

スト教のほうであって、イスラム教ではない」とか……。

ハメネイ師守護霊　そうです。

大川紫央　「イエスを滅ぼしたのが、逆に、ユダヤ教のほうであって」というお話もあったんですけれども。

ハメネイ師守護霊　はい。

大川紫央　確かに、ムハンマドさんが生きていたころは、キリスト教ともユダヤ教とも共存していて、和議を結んで、一緒《いっしょ》に、平和に……。

ハメネイ師守護霊　そうですよ。寛容《かんよう》だったんですよ。税金さえ払《はら》えば、キリスト教徒でも許していたんですよ。

大川紫央　そう、そう。

ハメネイ師守護霊　だけど、イスラム教徒に改宗したら税金を免除《めんじょ》するとか、まあ、そういうことを、ちょっと、したんですけどね。

大川紫央　それに、ムハンマドさんのときは、キリスト教ともユダヤ教とも同じ神を信じているということを、ちゃんと言っていて……。

ハメネイ師守護霊　そう思ってた。ムハンマドは、そう思ってたから。キリスト教の神と一緒だと思ってた、ムハンマドは。それは正しかったんですよ。それは正しかったんですよ、結果的に。

大川紫央　その価値観が広がれば、もうちょっと平和だったのに。

ハメネイ師守護霊　キリスト教の、イエスが言った「天なる父」は、ムハンマドが言っている「アッラー」だというのがイスラム教の考えで、これで正しかったことを、幸福の科学が証明してるんじゃない。実は、そうだったっていうことを。

大川紫央　そうそう。でも、ムハンマドさんが亡《な》くなってからは、どんどん、そういうのが崩《くず》れてきてしまったようですね。

ハメネイ師守護霊　まあ、それは、やっぱり、人間のレベルの問題だからね。認識力の問題だから、まあ、しかたがないけどね。

ちょっと、王制と一体になったんでね。あっちの教会も、それなりに堕落《だらく》はしてるけどね。教会の法王もねえ、けっこう歴代、地獄《じごく》に行ってる者がいっぱいいるから。

厳しい刑罰《けいばつ》が定められた時代背景

大川紫央　ただ、「アラジン」という映画ともかかわるのですが、さまざまなものを読んでいても、イスラム教などが成立する以前から、中東では略奪《りゃくだつ》が普通《ふつう》で、富を持っているところから奪《うば》って、分けて食べるというのが……。

ハメネイ師守護霊　いやいや、それはいいけど、それをあんまり広げるのはやめてくれる？

大川紫央　そうですね（笑）。

ハメネイ師守護霊　ムハンマドがアッラーから受けた教えがね、今の西洋人には非常に厳しく見えるわけですよ。

盗《ぬす》みをした人は、まずね、右腕《みぎうで》を斬《き》られる、ね？　次は左足を斬られるとかいうふうに、順番に斬られるんだけど、それは、ちゃんと、「盗むなかれ」っていう教えなんですよ。

そういうの（略奪、盗み）が流行《はや》ってたから、それを改めようとして、衝撃《しょうげき》的だけども、要するに、万引き？　今なんか、「万引き家族」（二〇一八年公開／ギャガ）なんかが賞を取ってるけど、そんなことをしたら右腕を斬られるぞ、と。もう万引きする手がなくなる。

それはショックでしょう？　そこまでしなけりゃ分からない連中がいたから、象《しょう》徴《ちょう》的にそういうことをしただけでね。別に、それを、今の時代にね、必ずしもやれとはほんとは思ってないですよ。

ただ、自分の身が痛くなければ、何とも思ってない人たちがいっぱいいるからね。

大川紫央　そういうのが習慣的に根づいているから。神様の意見としては、「盗みをするべからず」ということで、アッラーから啓示《けいじ》を受けたのに、今、西洋から、「残虐《ざんぎゃく》なんじゃないか」と言われているだけということですね？

キリスト教系の「ＬＧＢＴを認める」考え方では社会が崩壊《ほうかい》する

ハメネイ師守護霊　でも、逆に言えば、西洋のほうのキリスト教系のやつは、もう、同性愛から始まって、「全部認めよ」と、ＬＧＢＴ全部を認める法律までつくり始めてるけど、「これは、本当に社会が崩壊《ほうかい》して滅びますよ」っていうことを、私たちは言ってるわけで。私たちの考えから言や、それは死刑《しけい》に相当するぐらいの罪なので。

戦前の日本もそうだったので。うーん。そういう感じだったと思いますけど。ほかの、仏教だって認めてないので。

それは、ソドムとゴモラで、神が滅ぼされたんですから。そういうへんてこな快楽に溺《おぼ》れてる人たちは滅ぼしてしまった、原爆《げんばく》みたいなもので。それはねえ、やっぱり、踏《ふ》みとどまるのは宗教の力以外ないと思うんですよ。
だから、いやあ、あちらが私たちを〝原始人扱い〟するにはねえ、ちょっと、度は過ぎていると、私は思ってますけどね。

大川紫央　なるほど。

ハメネイ師守護霊　ええ。

中国からの思想とは別に、日本には日本の高みがあった

神武　「祭政一致《いっち》」を目指されるハメネイ師守護霊様からご覧《らん》になって、日本の「徳川《とくがわ》幕府」はどのように評価されますか。

ハメネイ師守護霊　儒教《じゅきょう》を使ってたんでしょうけどね。仏教も一部使ったけど、儒

教でしょう?

ただ、儒教精神が、若干《じゃっかん》、何て言うかなあ、うーん……。もしかしたら、今、左《さ》翼《よく》がね、中国に精神的に下敷《したじ》きにされているのにも、(儒教精神が)少し流れてるかもしれないなとは思いますけどね。

神武　中国の悪いところが入ってしまった……。

ハメネイ師守護霊　「中国」っていうのは、「世界の中心」みたいな意味があるんですよ。

大川紫央　「中華《ちゅうか》」がそうですよね。

ハメネイ師守護霊　「中華思想」っていうのがね。だから、「向こう(中国)のほうが上だ」「(中国のほうが) 先進国で、日本はその恩恵《おんけい》を受けていた」みたいな考えが長らく入ってるから、そこはちょっと違う。

そこのところに「西洋の文化」が入ってきて、〝入れ替《か》えた〟だけにしか、彼らからは見えてないけど、日本には「日本の高み」があったし、それから、この砂漠《さばく》の地帯のね、イスラム教や、その前の宗教とも関連はあったんでね。

だから、そんなに、宗教的に劣《おと》ってるわけじゃないんだっていうことを知ってもらいたい。

3　イスラム教草創期の「秘密」

薩摩《さつま》の加治屋《かじや》町に英雄《えいゆう》が多く生まれた霊的《れいてき》背景

大川紫央　（黒木為楨《くろきためもと》が生まれた）薩摩《さつま》の加治屋《かじや》町というところは、西郷《さいごう》さんが生まれたところです。

神武　同じ町です。

ハメネイ師守護霊　そうです。

大川紫央　西郷さんに、東郷《とうごう》さんも加治屋町。

神武　ご近所です。

ハメネイ師守護霊　ああ、それは誇《ほこ》りですよ。

大川紫央　すごいですね。

ハメネイ師守護霊　西郷さんは誇りですよ。

神武　薩摩の英雄《えいゆう》の方々のほとんどが加治屋町に生まれているんですけれども、霊《れい》界《かい》では、どういう打ち合わせをして生まれるのですか。

ハメネイ師守護霊　ふー……（ため息）。

神武　「あの町にしよう」というようなところまで決めるのですか。

ハメネイ師守護霊　まあ、霊界で〝銀座《ぎんざ》一丁目〟ということです。はい。

大川紫央　西郷、大久保利通《おおくぼとしみち》、東郷平八郎《へいはちろう》、大山巌《おおやまいわお》、山本権兵衛《やまもとごんべえ》。で、黒木さんでしょ？

ハメネイ師守護霊　そう、みんな出てるんですよ。だから、〝集中弾《だん》〟なんですよ。

大川紫央　すごいですね。

ハメネイ師守護霊　うん。そこが〝高天原《たかまがはら》〟なんですよ。

大川紫央　なるほど。それと、長州《ちょうしゅう》とに分かれて、みんな出たということですね。

ハメネイ師守護霊　うん。だからね、高天原のどちらから出たかの違《ちが》いですよね。

イスラム教は男尊女卑《だんそんじょひ》とは限らない

大川紫央　天照大神《あまてらすおおみかみ》のこともご存じではあると思うので、そういう意味では、今、イスラム教国に生まれていらっしゃるけれども、女性が神格を持っているというのは理解できるということですよね。差別しているわけではないんですよね？

ハメネイ師守護霊　いや、別に、イスラム教は、男尊女卑《だんそんじょひ》であるとは限らないので。

大川紫央　そうですね。

ハメネイ師守護霊　そもそも、ムハンマド自体は、十五歳《さい》も年上の女性に拾《ひろ》われてね、救われて、で、宗教を起こすことができたから、女性のパトロンっていうのがありえるので。頭が上がらなかったんですからね。

女性で、そのときに隊商をやってたから、まあ、社長でしょう？　やってたんですから。貿易会社の社長を女性がやってて、（ムハンマドは）養ってもらってたんでしょう？　それが、宗教を開いたんですからね。そのときのパトロンでもあって、で、いちばんの弟子《でし》にもなってるんでしょう？

だから、偉《えら》い女性はいるんですよ。

ムハンマドの妻・ハディージャの転生《てんしょう》

ハメネイ師守護霊　そのねえ、第一号の女性？

神武　ハディージャ。

ハメネイ師守護霊　ハディージャねえ。どっかにいると思いませんか。

大川紫央　いるでしょうね。

ハメネイ師守護霊　うん、ムハンマドがねえ、もし、女転《じょてん》（過去世《かこぜ》で男性だった人が、次の転生で女性に生まれること）して存在するぐらいだったら、いないとおかしいよね。

大川紫央　おかしいですね。

ハメネイ師守護霊　おかしいね？

神武　誰《だれ》ですか。知っているのですか。ご存じですか。

ハメネイ師守護霊　知ってますよ。

大川紫央　誰なんでしょう。

ハメネイ師守護霊　知ってますよ。決して〝出ない〟人。

神武　決して〝出ない〟人？　女の人ですか。

ハメネイ師守護霊　名乗らない。決して名乗ることはない。そして、商社マンになりたがってた男。

大川紫央　えっ、（坂本《さかもと》）龍馬《りょうま》？（注。以前の霊査《れいさ》により、質問者の大川紫央の過去世の一つは坂本龍馬であることが判明している）

ハメネイ師守護霊　そうです。

神武　ええーっ！

大川紫央　ええええっ！（神武に）ごめんね。

ハメネイ師守護霊　君たちは夫婦《ふうふ》だったのです。

大川紫央・神武　（笑）

ハメネイ師守護霊　そうです。

神武　拾われたんですね。（大川紫央に）ありがとうございます。

大川紫央　（神武に）ごめんね。

ハメネイ師守護霊　拾ってもらった。

大川紫央　でも、いちおう、（ハディージャはムハンマドを）信じましたよね。

神武　そうです。

大川紫央　最初、『コーラン』が出たとき信じましたよね。ちゃんと信じましたよね。

神武　そうです。ハディージャが最初の信者です。

ハメネイ師守護霊　いやあ、最初の信者です。イスラム教もつくった。だから、今は、「エル・カンターレ教」をつくってるんだよ。

大川紫央・神武　へえー……。

ハメネイ師守護霊　頑張《がんば》ってるんだよ。過去の実績がなかったら……。だって、龍馬だけで、ここにいるわけがないじゃないですか。そういうのがないと。

大川紫央　〝神武どん〟と（笑）。

神武　へえー!?

大川紫央　ハディージャ。（神武に）ごめんね（笑）。

ハメネイ師守護霊　ハッハッハッハッハッハッ（笑）。

大川紫央　ハッハッハッ。

神武　ありがとうございます。

「高天原《たかまがはら》」と「シナイ山」には、本当はつながりがある

神武　いろいろとご存じなんですね。

ハメネイ師守護霊　まあね。いっぱい掘《ほ》れば、いっぱい出てきますよ。

大川紫央　だって、ハメネイ師を呼びたくなるということは、何か魂《たましい》に郷愁《きょうしゅう》を感じるということですもんね。

神武　（笑）

ハメネイ師守護霊　「エル・カンターレの弟子です」とスパッと言える人は、いないでしょ。

大川紫央　そうそうそう。いないですよ。

ハメネイ師守護霊　そういう一定のレベルまで行かなければ、いけないですよ。

大川紫央　偉い方を呼んでも、おそらく、「アッラーとエル・カンターレがつながっている」というところまで認識が及《およ》ばない方もたくさんいらっしゃるだろうと思うんですよ。エル・カンターレまでは認識できない。でも、そこをスパッと認識されていたので。

ハメネイ師守護霊　まあ、もっとね、世界史をきっちりと勉強され、日本史をきっちり勉強されたら、要所要所に存在することが分かりますから。
だからねえ、「高天原《たかまがはら》」と「シナイ山」は一緒《いっしょ》なんですよ、本当は。

神武　不思議です。

大川紫央　はい、ありがとうございます。

隊商を率いる妻・ハディージャのおかげで宗教家になれたムハンマド

ハメネイ師守護霊　（大川紫央に）だから、あなたはトラです（注。映画「アラジン」で、王女ジャスミンを護《まも》るトラが出てくるところから、尊い方を護る存在という意味でのトラを指している）。

大川紫央　はい、トラ。

ハメネイ師守護霊　はい。トラなんです。

大川紫央　タイガーも入れよう。

ハメネイ師守護霊　あなた、〝商社マン〟だったんですよ。だから、憧《あこが》れてたんですよ。

神武　あぁー。

大川紫央　本当ですね。

ハメネイ師守護霊　〝商社レディー〟かな。

神武　確かに。隊商。

ハメネイ師守護霊　とにかく、隊商を率いて、大金持ちだったんですよ。

神武　へえー……。

大川紫央　本当だ、このとき（の転生）も商人ですね。

ハメネイ師守護霊　そのときに、行き倒《だお》れのムハンマドを引き取って、十五歳年下の男をあれした。

大川紫央　（ハディージャが）四十歳のときに、（ムハンマドは）当時二十五歳前後（笑）。

ハメネイ師守護霊　うん。

神武　（笑）

ハメネイ師守護霊　だから、（映画）「アラジン」も、ちょっとね、似てるところがあるでしょ。

神武　ああー。

大川紫央　裕福《ゆうふく》な人と結婚《けっこん》できたから、ムハンマドさんは瞑想《めいそう》にふけるように（笑）。

ハメネイ師守護霊　そうそう。だから、宗教家になれたんですよ。パトロンが要《い》ったんですよ。そのパトロンがあったからこそ、メッカの勢力と戦えたんですよ。

神武　もしかして、そのときに、ハメネイ師も生まれていましたか。

ハメネイ師守護霊　そこまで言うと〝細《こま》かく〟なりすぎるから。もうちょっと、君たちのイスラム教についての勉強が進んだら言いますが、ここまで分かる以上、つながりがないわけがないんで、ある程度のところにいるはずですよね。

神武　そうですよね。

四代目カリフ・アリーがなかなか継承《けいしょう》できなかった理由

神武　では、もし、ご存じであればなんですけれども、当初、アリーが後継者《こうけいしゃ》ではないかというように目《もく》されていたのですが、なかなか継承されませんでした。何か、そういった背景について……。

ハメネイ師守護霊　それは、「おじさん」と、「（ムハンマドの）あとの嫁《よめ》」だよね。

●「おじさん」と……　アブー・バクルの初代カリフ就任においては、アブー・バクルの同僚による働きかけがあった。また、アリーが四代目カリフに就任すると、ムハンマドの妻アーイシャら反対派との争いが勃発《ぼっぱつ》。アリーは反対派の刺客によって暗殺された。

神武　アーイシャ。

ハメネイ師守護霊　嫁の抵抗《ていこう》にあったからね。うーん。だから、ちょっと、（アリーは）徳に不足があったんだろうね。

神武　うーん。

大川紫央　でも、二代目も、いちおう評議会で多数決によって決まったんですよね？

ハメネイ師守護霊　ただ、まあ、イランにはつながってるから、あんまり悪くは言えない。イラン（シーア派）では、（アリーは）「初代」っていうことになってるところもあるので。

若かったからね。まず、五十代とかのおじさんたちがつながないと、三十代は無

●アーイシャ（614 頃～ 678）　アーイシャ・ビント・アブー・バクル。イスラム教の開祖ムハンマドの３番目の妻で初代正統カリフのアブー・バクルの娘。スンニ派では預言者ムハンマド最愛の妻とされ、ムハンマドの言行をよく記憶し、『ハディース』や伝承として伝えたとされる。

理だって。
　だから、まあ、今も同じでしょ？　焦《あせ》ってるんでしょうけどね。

大川紫央　そうですね。

神武　いろいろ秘密を明かしてくださり、ありがとうございます。

本来、イスラム教はとても寛容《かんよう》な宗教

ハメネイ師守護霊　あなたがたは集団で（地上に生まれて）出ているんですよ。明治維新《いしん》にも出ていれば、イスラム教のときも出ていれば、仏教のときも出ているので、もうみんな出ているんですよ。

大川紫央　確かに、その後のムハンマドの愛妾のなかの一人（マーリヤ）に、

●初代　イスラム教シーア派国家であるイランでは、ムハンマドに連なる血統の最高指導者（イマーム）を重視しており、イスラム教４代目カリフであるアリー・イブン・アビー・ターリブを「初代イマーム」としている。

●五十代とかのおじさんたち……　ムハンマドの没後、イスラム国家の最高指導者としてアブー・バクルが初代カリフに就く。当時30代のアリーも後継者候補であったが、若年を理由に外され、ウマル１世が第２代カリフ、ウスマーンが第３代カリフに就任。その後、第４代カリフとしてアリーが就任した。

キリスト教徒などもいるので、イスラム教がすごく排他《はいた》的な宗教ということではなかったんですね。

ハメネイ師守護霊　いや、寛容《かんよう》だったんですよ。すっごく寛容だったんです。あとから出るものは必ず寛容なんですよ。

大川紫央　ただ、ムハンマドが没《ぼっ》したあとは、その従っていた部族などが、また、自分たちでもう一回独立しようとする運動があったので、たぶん統一するのは難しかったのでしょうね。

ハメネイ師守護霊　うーん……。まあ、これ以上やりたければ、また正式に……。

大川紫央　そうですね。正式に霊言《れいげん》を行《おこな》ったほうがいいですね。

ハメネイ師守護霊　ええ。やっぱり、イラン最高指導者の霊言としては正式にやってもらわないと、ああいう付録ではちょっと困るんですけど。

大川紫央　そうですね。

ハメネイ師守護霊　もう一回、勉強をちゃんとしてからね。

大川紫央　はい。分かりました。

神武　はい、申し訳ございません。ありがとうございます。

ハメネイ師守護霊　いいかな。

●ああいう付録……『日本の使命』（前掲）の第二部所収の霊言のことを指す。

4　私たちは「最高神」を認識していた

「最高神」を認識できる人とできない人の差とは

ハメネイ師守護霊　今日はちょっと変なところまで行ってしまって。もう砂《さ》漠《ばく》まで行ってしまって。

大川紫央　今、「最高神をみんなで信じよう」と言っているにもかかわらず、その下の（存在が）神々であったとしても、ワーワー言うのは、やはりおかしいですよね。

ハメネイ師守護霊　私たちは最高神を認識していたけど、認識できない人たちはいたわけですよ、昔も。昔もいたんですよ。

大川紫央　そうなんです。たぶん認識できていないんですよね。

神武　（最高神の）近くにいても、認識できないのでしょうか。

大川紫央　それは認識力が低いんですよ。

ハメネイ師守護霊　それはね、六次元レベルだっていうことですよ。（最高神を）認識できないっていうのは、六次元レベルなんですよ。八次元ぐらいまで来たら認識できるのよ。

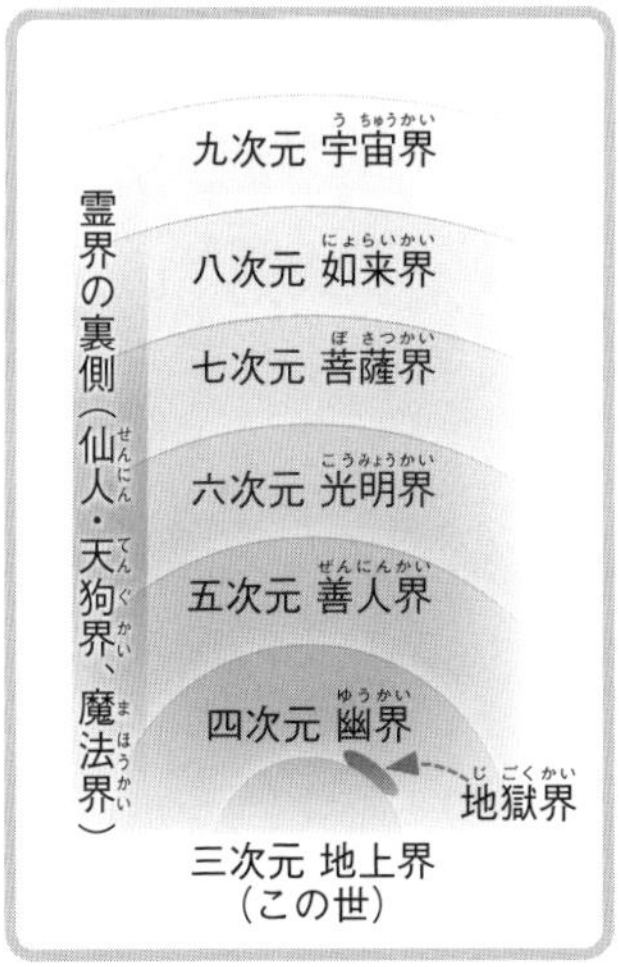

●**次元**　あの世（霊界）では、各人の信仰心や悟《さと》りの高さに応じて住む世界が分かれている。地球霊界は四次元幽界《ゆうかい》から九次元宇宙界まであり、地獄界は四次元のごく一部に存在している。『永遠の法』（幸福の科学出版刊）等参照。

大川紫央　そうですね。私は、みんなが認識していないのを見て、やはり、もしかすると、それは認識力が低いのかもしれないと思いました。

神武　なるほど。

ハメネイ師守護霊　あなたがた（のこと）が、『黄金の法』（幸福の科学出版刊）とかに、まだはっきり書かれてないから分からないかもしれないけども。だって、生まれてないから。（『黄金の法』が書かれた一九八六年）当時、生まれてないっていうか、まだ言われていることを知らないレベルだから、書かれてないので。まあ、改訂版《かいていばん》をつくりたければつくればいいんでしょうけどね。

大川紫央　いえ、いいんですよ。弟子《でし》がどうのこうのではなく、やはり、今は、創

●『黄金の法』　幸福の科学の法体系・時間論・空間論が説かれた「基本三法」のうちの一つ。主に時間論を柱に、人類史に登場する世界宗教の開祖をはじめ、思想・政治・文化・科学・芸術等、さまざまな分野で活躍した古今東西の偉人・聖人の業績や思想的な誤り、転生《てんしょう》の歴史、その価値判断が、地球神の視点から説き明かされている。

造主であり、各宗教をつくってきた方が生まれているということ、エル・カンターレがいることを世界に知らせないといけないでしょう。

ハメネイ師守護霊　いやあ、そういうことより女の過去世《かこぜ》があっただけでも喜びで、今もう、満ち返ってるんじゃないですか。

大川紫央　うおお……。

神武　（笑）

ハメネイ師守護霊　でしょ？

大川紫央　女性がもう一人いたって。

ハメネイ師守護霊　イスラム圏《けん》で名前を名乗れば、そりゃもう、みんな、「ははは
あーっ！」。

神武　そりゃあ。

大川紫央　いやいやいや。

ハメネイ師守護霊　「ははあー！」（と平伏《ひれふ》す）っていうところですよ。

大川紫央　いやいやいや……。

神武　もう、すごい。

大川紫央　でも、やっぱりね。

ハメネイ師守護霊　聖母マリアにも勝てるぐらいの。

大川紫央　いやいや。
これがすべての紛争《ふんそう》解決の鍵《かぎ》だと思うんですよ。

ハメネイ師守護霊　だから、「その神は本物だ」と言ったのは、あなた（ハディージャ）だから。

大川紫央　うーん。

ハメネイ師守護霊　ムハンマドのほうは信じられなかったんで。ちょっと（悪霊《あくりょう》の）ジンにやられたと。それこそ、「砂漠のジンに取り憑《つ》かれたかな」と思ってたんで。でも、その教えを見て、「これは本物だ」と言ったのは、あなたのほうなので。

大川紫央　（笑）

ハメネイ師守護霊　はい。こちら（ムハンマド）は「ジンに憑かれた」と思ったけど。砂漠には「ジン」っていう悪霊がいてね、取り憑いて、（悪事を）やるって言われてたから。

（ムハンマドは）行き倒《だお》れだった自分に対する自意識が低かったわけよ、自尊心が。

大川紫央　一時《いっとき》、私が「ガブリエル」という説も言われていたんですよ。

過去には「エローヒムの正義」を実現するために戦ったことがある

ハメネイ師守護霊　まあ、ガブリエルそのものとは違《ちが》うわね。

大川紫央　違いますね。

ハメネイ師守護霊　これは違うね。それは、まあ、いっぱい〝飛び回ってる〟から、いろんなものがゴチャゴチャしているとは思いますけど。

いや、違うと思いますよ。そんなもんじゃないと思う。

いやあ、もっと〝根源なるもの〟でしょう。きっとねえ。私はあんまりよくは知らないけど、エジプトでスフィンクスのモデルになってるよ、きっと。

大川紫央　そうですね（笑）。いちおうスフィンクスです。そういうお護《まも》りできる存在になりたいとは思っています。

ハメネイ師守護霊　絶対、そうよ。霊体《れいたい》で現れてきて、みんな姿を見ていたに違いないしよ。

神武　先日の収録ではあまりお聞きできなかったのですが、ハメネイ師の守護霊様は、「エローヒム様の時代に〝パンダさん〟の手入れをしていた」とおっしゃっていました（注。ここで言う「パンダ」とは、アニメーション映画「宇宙の法――エローヒム編――」〔「宇宙の法 Part Ⅱ《パート ツー》」／二〇二一年公開予定〕に登場するキャラクターであるパンダ型生命体を指す）。

ハメネイ師守護霊　あっ！　まあ、半分、冗談《じょうだん》ですが……。

大川紫央　きっと、一緒《いっしょ》に生まれて何かエローヒム様のお手伝いされていたという

●エローヒム　地球系霊団の至高神であるエル・カンターレの本体意識の一つ。約1億5千万年前、地球に地獄界のもととなる低位霊界ができ始めていたころ、今の中東に近い地域に下生《げしょう》し、「光と闇の違い」「善悪の違い」を中心に、智慧《ちえ》を示す教えを説いた。『信仰の法』（幸福の科学出版刊）等参照。

ことでしょう。

ハメネイ師守護霊　「戦っていた」っていうことです。

大川紫央　なるほど。

神武　戦っていた。

ハメネイ師守護霊　ええ。一緒に戦った将軍ですよ。どっちにしたって。将軍として戦っていたということですよ。

大川紫央　一緒に戦っていた……。（ハメネイ師の守護霊は）エローヒム様の正義を実現するために戦っていらっしゃったということでしょうか。

ハメネイ師守護霊　そうそう。そういうことです。はい。

神武　ありがとうございます。

ハメネイ師守護霊　まあ、〝変な霊言《れいげん》〟になりましたね。

神武　いいえ。秘密を明かしてくださって、ありがとうございます。

イスラム教徒は五体投地《ごたいとうち》して何に祈《いの》っているのか

大川紫央　でも、先日、「ハメネイ師守護霊の霊言」を収録したときの「主エル・カンターレよ」という出方は、すっきりしていて、やはり、こういう弟子が増えなければいけないなと思いました。

●収録したときの……　2019年6月13日収録の「ハメネイ師守護霊の霊言①」では、第一声で「主エル・カンターレよ」と、主への信仰心を告白する言葉から始まった。『日本の使命』（前掲）参照。

ハメネイ師守護霊　（主エル・カンターレとは）近いんです。すごく近いんです。だから、やっぱり、イスラム教が、あれだけみんなでアッラーに祈《いの》っているの、全員で五体投地《ごたいとうち》して祈っているのは、もうほんとに、主に祈っているんですよ。

大川紫央　でも、そのハメネイ師守護霊の霊言をお聴《き》きして、イスラム教徒の方の誇《ほこ》りの部分、いちばん大切にしている部分が分かりました。

トランプのアメリカの限界を指摘《してき》

ハメネイ師守護霊　分かったでしょう？　だから、トランプがいくら威張《いば》っていても、私たちは、「そんなの、西部のガンマンにしかすぎない」と思って。今、武器はちょっと進んでいるだろうけど、われわれに命令するほどの権利はないと思っているから。「イランをなめるんじゃねえ!」っていうところかな。「神の国をつくった国なんだ」と、われわれは思っているから。

ギリシャだって崩壊《ほうかい》寸前まで行ってるんだからね。そのぐらい強かったんで。いや、ペルシャは強かったんで。強大だった。長い時間、すごく強大であって、今も強大なんだ。

だから、「こちらをもう一回つくり直して大きくしようとする力」と、「イスラエルのところを強化して、われわれを滅《ほろ》ぼそうとする力」が、今、あそこで戦っているので。

それはねえ、トランプさんを支持してもいいけど、全面的には支持ができないですよ。全部が全部じゃないので、ええ。全部支持はできないですよ。いいところもある。だけど、悪いところもある。それを言えるのは、やっぱり、エル・カンターレですよ。判断するのは。

でしょ? やっぱり、しょせん、弟子のレベルなんだから。彼はアメリカの利益しか考えてないから。今はね。
まあ、ここのところはちょっとしっかり押《お》さえておいてください。はい。

大川紫央　はい。どうもありがとうございました。

神武　ありがとうございます。

大川隆法　（手を二回叩《たた》く）

第2章

ハメネイ師守護霊《しゅごれい》の霊言《れいげん》④

二〇一九年六月二十四日　収録
北海道にて

質問者

大川紫央《おおかわしお》（幸福の科学総裁補佐《ほさ》）

宇田《うだ》なぎさ（幸福の科学上級理事 兼《けん》 宗務《しゅうむ》本部第二秘書局長）

［質問順。役職は収録時点のもの］

1　世界史に繰《く》り返されるアメリカの横暴

地球の裏側から来た無人機に軍事施設《しせつ》を偵察《ていさつ》された

大川隆法　イランの最高指導者、イランの最高指導者、イランの最高指導者、ハメネイ師。

イランの最高指導者、ハメネイ師。

（約五秒間の沈黙《ちんもく》）

ハメネイ師守護霊　ハメネイです、ハメネイです。

大川紫央　こんにちは。たびたびお越《こ》しいただき、ありがとうございます。

宇田　ありがとうございます。

ハメネイ師守護霊　うん。戦争ギリギリでしたね。

大川紫央　そうですね。十分前に……。

ハメネイ師守護霊　だけどね、地球の裏側からアメリカが攻《せ》めてきてねえ、無人偵《てい》察《さつ》機でもねえ、やっぱり、イランの近くへ飛ばすっていうことは、いちおう「挑《ちょう》発《はっ》」ですよね。

だからね、（アメリカはイラン側から）〝撃《う》たせようとしてる〟んでね。

大川紫央　そうですよね。

●十分前に……　2019年6月20日、イランはホルムズ海峡上空でアメリカの無人機を撃墜。アメリカはイランへの軍事報復の準備を整えるも、攻撃開始10分前で中止した。

ハメネイ師守護霊　撃たせて、それを「名目《めいもく》」にして攻撃《こうげき》しようとして。そのための「おとり」でしょう？

大川紫央　そうですね。

ハメネイ師守護霊　〝デコイ（おとり）〟なので。分かってるからさ。そこまで来て、やらなきゃ……、あなただったって、他の外国が、日本の沿岸に無人飛行機を飛ばしたら、撃ち落とすでしょう、やっぱり。

大川紫央　それは、撃ち落としますね。

ハメネイ師守護霊　それはね、おかしいもんね。それも、地球の裏側みたいな国だったらねえ。

大川紫央　撃ち落とさなければ、国家として……。

ハメネイ師守護霊　おかしいでしょ?

大川紫央　おかしいですね。

ハメネイ師守護霊　「何を偵察してるんだ」っていうような感じですよね。「沿岸の警備状況《じょうきょう》を調べようとしてる」としか思えないじゃないですか。

大川紫央　はい。

ハメネイ師守護霊　軍事施設《しせつ》を撮《と》ってるんでしょ、映像を。そうとしか思えないじゃない、配置を。

それは、撃ち落とすわね。

まあ、(トランプ大統領は)「サイバー攻撃をかけた」とか言ってるけどね、挑発してますね。

まあ、彼なりのディール(取引)を、これからしようとしてるんだけど。「会うつもりがない」って言ってるから、挑発してるんだと思います。

イラン、北朝鮮《きたちょうせん》、パキスタンを潰《つぶ》すアメリカの戦略

大川紫央　先ほど、総裁先生からお聞きしたところによると、イランで革命が起こる前は、国王がアメリカ化しようとしていて、イスラム教徒側からの革命が起こって、今のイランにつながっていっています。

●イラン革命　アメリカの援護を受けて急速な近代化を進めていたパーレビ朝の独裁体制に反発した民衆や宗教界が蜂起《ほうき》。国王モハンマド・レザー・パーレビは国外に逃亡し、亡命中のホメイニ師を最高指導者として迎えてイスラム共和国が成立した。イスラム革命。

ハメネイ師守護霊　うん、うん、うん。

大川紫央　結局、ハメネイ師が指導者を三十年ぐらいされていますが、その間《かん》、トランプさんの前（の大統領たちの時代）でも、やはり、ずっと反米にはなっている、と。

ハメネイ師守護霊　うん。うん。

大川紫央　そのへんは、やはり、この前、お聞きした……。

ハメネイ師守護霊　うん、まあ、それもあるけども、もう一つは、サウジアラビア。

大川紫央　はい、はい。

ハメネイ師守護霊　サウジアラビアに米軍の拠点《きょてん》を置いてね、サウジアラビアとすごい蜜月《みつげつ》関係で、利益を生もうとして、まあ、要するに、サウジアラビアは、一手に石油利権を手に入れて、イラクもイランも干《ほ》し上げようとしてるわけですよ。イランの石油を売らせないように、今、してるから、世界に。

そうしたら、イランは、今、どんどんインフレは悪化してるし、収入は減ってるし、生活を圧迫《あっぱく》して、まあ、北朝鮮《きたちょうせん》と同じ扱《あつか》いをされてはいるんですよ。だから、サウジアラビアは、これはもう、儲《もう》かって儲かってしょうがないという、そういうかたちなんで。

イスラム教圏《けん》も、「言うことをきく国」と、「そうでない国」に分けようとしてて、〝尻尾《しっぽ》を振《ふ》る国〟にしようとしてるわけね。

で、シリアあたりには、ロシアが手を伸《の》ばして、アサドを後押《あとお》ししたりして。このへん、ちょっと権力の争奪《そうだつ》戦が起きてるんでね。

あと、イスラエル。イスラエル、サウジあたりとかも落としてるからねえ。あと、ヨルダンも味方かな、向こうの。

大川紫央　なるほど。

でも、イランとしては、サウジアラビアに負けるわけにはいかないというか、全部、持っていかれるわけにはいかないというところでしょうか。

ハメネイ師守護霊　いやあ、だから、まあ、うちが〝シーア派の最巨頭《さいきょとう》〟なんで、イラクみたいにしたいんだろ？　たぶんね。

大川紫央　ああ、「スンニ派のイラクのほうをやったから、今度は、シーア派も潰《つぶ》しておいて……」ということですか。

ハメネイ師守護霊　うん。だから、「生意気《なまいき》で、言うことをきかない」っていうことなんだろ？

大川紫央　では、アメリカの言うことを……。

ハメネイ師守護霊　まあ、流れ的に言えば、もちろん、確かに、北朝鮮やパキスタン、イランと、全部、潰していこうとはしてるんだとは思う。そして、親米のところだけ残すっていう考えでしょうね。

女性弾圧《だんあつ》は、イランよりサウジのほうがきついのに

大川紫央　例えば、イラクのなかのヤジド教徒の女の人が、「イスラムの過激派に占領《せんりょう》されて、女性は奴隷《どれい》として売られて……」といったことを、国連に訴《うった》えたり、本を出したりしていました。そういった、イスラムのなかの過激派に対しては、ど

●ヤジド教徒の……　ヤジド教は、イラク北部に多く居住するクルド人系の宗教で、イスラム教以前の諸宗教からの影響を受けた独自の教義を持つ。しばしば、「イスラム国」の標的にされており、奴隷となった経験を持つナディア・ムラド氏は国連安保理事会でヤジド教徒の被害を訴え、2018年ノーベル平和賞を受賞した。

ういう見方をされていますか。

ハメネイ師守護霊　あのねえ、イランは、いちばん〝緩《ゆる》い〟んですよ。実は、みんなが想像してるより、はるかに〝緩い〟んです。

サウジのほうがね、女性のドライバーを許さなかったぐらいで。

大川紫央　二〇一八年に（女性の自動車運転の解禁が）ありました。

ハメネイ師守護霊　イランは、もう、女性のドライバーは日本より多いです。走り回ってるんですよ。

大川紫央　そうなんです。「過激派ではないイスラム教徒とは、ヤジドの村の人たちも、今まで共存共栄して、普通《ふつう》にお友達もいたけれども」といったこともおっしやっていて……。

ハメネイ師守護霊　陰謀《いんぼう》はいろいろ働いてるからね。だから、あちらのほうが、サウジのほうが、よっぽど、女子の弾圧《だんあつ》はやってるから、別にアメリカ化してない。女性がなかなか働けないしね。こちらのほうは、女性は、スカーフだって、けっこう取って出てる場合もありますからね。わりに〝緩い〟んですよ。なのに、ものすごく全体主義の悪魔《あくま》みたいにしようとしてるんですけどね、向こうは。

イラクを間違《まちが》って潰《つぶ》したアメリカが、さらに他の国を潰す？

大川紫央　「サウジアラビアは、メッカがあるから強い」とか？

ハメネイ師守護霊　うん。まあ、それもあるけどね。やっぱり強いことは……。けども、国としては、やっぱり、意見が、利害が分かれてますのでね。

大川紫央　いちおう違《ちが》う、と。

ハメネイ師守護霊　そうですね。イラクは、私たちは、隣国《りんごく》として見せつけられましたからね。

ただ、アメリカがあそこまで来て、国を潰《つぶ》してしまうだけの権利があったのかっていう。「それだけの原因がなかったのに、結果だけ来た」からね。それに対しての「反作用」としては、反省しなきゃいけないんじゃないですか。

だから、同じことを、こっちにもやろうとしてるからね。「これは反イスラエルだろう」ということで、反イスラエルのを潰そうとしてるけど、われらは、別に、ナチスと一緒《いっしょ》じゃないのに、「もう、ナチスの芽があるものは先に潰しとこう」としているみたいな感じ。「イスラエルの将来の敵は潰しとく」っていうことみたいだけど、われらのほうがイスラエルに全部、みんな、潰される可能性を感じているほうですからね、むしろね。

このへんの二重の基準について、やっぱり、公平性を欠いていて、国連は機能してないと私たちは思ってるわけです。

アサド政権が倒《たお》れないほうがいい理由は

大川紫央　アサド政権も中東にあると思うんですけれども、例えば、アサドさんとかは、どのように見ていますか。

ハメネイ師守護霊　うーん。まあ、シリアも難しい。国が維持《いじ》できるかどうかで、まあ、アサドの体制がいいかどうかは分からないけども、彼が倒《たお》れたら、たぶん、国がなくなるんだろう。

だから、フセイン後のイラクみたいに、たぶんなるんだろうと思ってるから。

大川紫央　なるほど。

ハメネイ師守護霊　だから、プーチンのほうが、あれ（アサド政権）のほうを、いちおう支えてはいるんだと思うんだが、（ロシアの支援《しえん》が）なくなったら、もうドロドロ、混沌《こんとん》状態になって、おそらくトルコぐらいまで吸い込《こ》まれていくし、あのあたり全部、「戦乱地帯」にだんだんなっていこうとしてるから。それよりは、まだ政権があったほうがいいとは思ってるんだと思う。

ただ、反対する側、アメリカの側から言えば、「アサドが化学兵器とか使うっていうのを許せない」と言うんだろうけどね。

難しい地域なんですよ、なかなか。

アメリカは政治に影響《えいきょう》を及《およ》ぼす宗教を潰《つぶ》すつもり

大川紫央　北朝鮮も、体制は悪いし、国民は苦しんで……、まあ、なかにいる人は苦しんでいないといった話を本に書いている人もいましたけれども、でも、外から見れば、一千万人以上が飢《う》え死にしそうなぐらいのところで。

ハメネイ師守護霊　ほかの国のことを知らないからね。自分たちが貧しいと思ってないんでしょうけどね。

大川紫央　ただ、実際は、それは悪い環境《かんきょう》ではあると思うんですけれども。

ハメネイ師守護霊　まあ、われわれを攻めてるのは、たぶん、北朝鮮の経済制裁とも関係はあるんだろうけどね。彼らの輸出国であるからさ。おそらく関係はあるんだろうけども。技術者とかがだいぶ来てたからね、それも……。

大川紫央　トランプさんの守護霊様いわく、「イランを親米まで持っていきたい」というようなことをおっしゃっていました。

ハメネイ師守護霊　いや、そのためには、私たちのような、宗教家、宗教が政治に及《およ》ぼす「宗教政治家」みたいなのは、やっぱり……。

大川紫央　「理解が必要」ということ？

ハメネイ師守護霊　いや、いや、いや。潰《つぶ》さなきゃいけないでしょうね。

大川紫央　ああ……。

ハメネイ師守護霊　殺すつもりでしょう。
われらと、金正恩《キムジョンウン》の違いが分からないので、特に。分かってないので。

大川紫央　トランプさんたちから見れば……。

ハメネイ師守護霊　宗教家が上に載《の》ってるっていうのは。「民主主義で選ばれた大統領の上に宗教家が載ってる」のが理解不能なんで。
「米国型民主主義がすべてではない」「イランと中朝の体制は違《ちが》う」

大川紫央　イラン革命で、西洋化しようとした国王が倒されて、ホメイニ師が出てきたというところは、天上界《てんじょうかい》の計画ではあったんでしょうか。

ハメネイ師守護霊　まあ、結局、（イラン革命以前は）「イスラム教の衰退《すいたい》を目指そうとしてた」っていうことになる。われわれが見ている「西洋型の堕落《だらく》」がいちおう入ってくると見てるということですよね。

それぞれに伝統はありますからね。

まあ、イスラム教が五十パーセントとかしかないというなら分かるけどね。やっぱり、もうちょっと多いからね、信仰者《しんこうしゃ》がね。

「いろんな宗教がいっぱいあって」っていうならね、まあ、いいけど。だから、「アメリカ型の民主主義がすべてではない」っていうのが、私たちの主張なので。

大川紫央　うーん。なるほど。

では、やはり、世界を見る上では、理解し合わないといけないというところですね。

ハメネイ師守護霊　「他の政体もありえる」ってこと。中国の「無神論による疑似《ぎじ》皇帝制《こうていせい》」？　皇帝だよね？　中国の主席はね。北朝鮮も、そうだわね。「無神論的皇帝」だよね。

それと、われわれの、「神の代理人がいて、その下に、一般人《いっぱんじん》から選ばれる大統領がいて」っていうのとは、ちょっと違《ちが》う。

大川紫央　違うんですね。

キリスト教国の「信教の自由」の限界とは

ハメネイ師守護霊　民主主義と……。まあ、日本と一緒で、民主主義と、その上に、神との間に立つ宗教家がいる。日本も、そうなんだよ。

大川紫央　はい。本当はそうなのですが……。

ハメネイ師守護霊　だけど、今は、それを、戦争に負けたことによって、傀儡《かいらい》に、いちおうされてはいるけどね。

だから、「戦争に負ける」っていうことは、ああいうことでしょ？　要するに、実権を抜《ぬ》きにして、日本の天皇みたいに、お飾《かざ》りになれ、と。「新しい傀儡として、載せるなら許すけど、でなければ、もう、殺す」ということでしょ？　宗教政治家は。

大川紫央　難しい。タイみたいな国もありますよね。

ハメネイ師守護霊　そう、そう、そう。

大川紫央　仏教と言いつつ、国王も篤《あつ》く信仰しているというような感じの雰囲気《ふんいき》ではあるけれども、蓋《ふた》を開けると、歴代の国王が多く地獄《じごく》に行ってるようなケースもあったりします。

あと、他の宗教が入れない……。おそらく、日本も、敗戦せずに、そのまま国家神道《しんとう》の、強い天皇制のまま残っていたら、エル・カンターレが下生《げしょう》して、法を説くと、弾圧をされた可能性はかなり高いので、下生できなかったかもしれないというところはありますよね。

ハメネイ師守護霊　うーん。まあ、でも、インドでも厳しいでしょうね。インドでも、やっぱり、ヒンズー教が強すぎるからね。あそこでも、ちょっと厳しかったでしょうね。

大川紫央　はい。

ハメネイ師守護霊　で、アメリカって、キリスト教で、これもまた新しい宗教は説けない。

大川紫央　そうですね……。

ハメネイ師守護霊　キリスト教国では、キリスト教の解釈《かいしゃく》だけ違う新宗教は存在できても、キリスト教以外の宗教を起こすことはできないんですよ。

大川紫央　イエス様と違って、弟子《でし》がつくったキリスト教は、排他《はいた》的で、けっこう好戦的ですから。

ハメネイ師守護霊　弾圧する。「魔女狩《が》り」を、過去、やってきてるし、ほかの宗教も潰してきてるから。その系譜《けいふ》があるから、出れるところは……。

まあ、そんなに信教の自由はないですよ。キリスト教下の「信教の自由」なんですよ。キリスト教の、いろんな解釈の違いや、宗派《しゅうは》の違いはありえるけど、ほかのところだったら新しい宗教になるべきものが、なれないではいるんですよね。

だから、（キリスト教国と）日本とは違う。

だから、日本神道も、そういう天皇なんてものが現人神《あらひとがみ》と言ってたのを見て、やっぱり、危険な、野蛮《やばん》な宗教だと思って、先の大戦で日本を滅《ほろ》ぼすことを決意したんであるから。イランも同じように見えているので、徹底《てってい》的にやっつけて、傀儡にするか、廃止《はいし》するか、どっちかにしたいというところでしょうね。

もちろん、トランプ一代じゃないです。ずっと続いてはおりますけどね。

大川紫央　確かに、明治、大正と、維新の革命は起こったけれども、いちおう、高《こう》級霊《きゅうれい》が起こしているだろう新宗教は弾圧されてはいるので、そのへんが難しいところではありますね。

ハメネイ師守護霊　それは人間がやることだからね、難しい。

大川紫央　うーん。

自国とキリスト教の利益ばかりの米国は世界基準まで行っていない

ハメネイ師守護霊　だから、パーレビ（王朝）でアメリカ化してたら危ないと思って、保守反動革命が起きたけど、それで、アメリカはイランが嫌《きら》いになって、イラクを応援したんですよ。

大川紫央　うーん。

ハメネイ師守護霊　イラクを応援したものだから、イラクが、アメリカが応援してくれると思ってクウェート侵攻《しんこう》して。
ところが、アメリカは、イラクにさんざん攻撃を加えて、あれして、それで、息《むす》子《こ》の代（ジョージ・W・ブッシュ元大統領）になって、もう一回、（サダム・フセインの）首を吊《つ》るすところまでやってきたっていう、あれなんで。「親米だから」っていったって、そうなるからね。

大川紫央　そうですね。確かに。

ハメネイ師守護霊　だから、いやあ、あなたがた、アメリカに負けたのに媚《こび》を売って、同盟関係を維持してるけど、いや、沖縄《おきなわ》の県民の気持ちがね。アメリカに蹂躙《じゅうりん》されたところは、みんな、似たようなものを持っているわけであって。
ベトナムなんかも（アメリカと）戦って勝《か》ったけど、結局は、資本主義化しつつありますけどねえ。

ただ、民族自決《じけつ》はあってもよかったんじゃないですかね。（アメリカは）共産主義に反対するために戦争を起こしたけど、何百万もの人（ベトナム人）が死んでますからねえ。そのくらいだったら、結局、統一されたんだから。（ベトナムは）共産主義化しても、結局、自由主義になって、戦った相手と同じふうに、今、変わってきつつありますから、やっぱり、そちらのほうに任すべきであってね。「戦争で勝敗を決せよ」っていうのは、時代的には、もう時代錯《さく》誤《ご》で、彼らは、朝鮮戦争、ベトナム戦争に、何も学んでないようには見えますがね。

だから、基準がね、そんなに世界基準まで行ってないんですよね。やっぱり、基本は「アメリカの利益」だし、「アメリカ的キリスト教の利益」なんですよね。

2 驚《おどろ》くべきハメネイ師の魂《たましい》の系譜《けいふ》

あまりにも深い日本との縁《えん》

大川紫央　少し話が変わるんですけれども、ハメネイ師は、アッラーからは何という名前で呼ばれるのですか。

ハメネイ師守護霊　うーん、まあ、今の名前があるから、その名前で呼ばれますが。

大川紫央　「ハメネイさん」と。

ハメネイ師守護霊　うん。

大川紫央　そうなんですか。魂《たましい》としては、何か……。

ハメネイ師守護霊　うん？

大川紫央　魂全体として、何か……。

ハメネイ師守護霊　うーん。魂全体としては、うーん……、いやあ、日本の「武士道」ともかかわりがある魂ですので。

大川紫央　黒木《くろき》（為楨《ためもと》）さん（本書第二部　第1章参照）。

ハメネイ師守護霊　うーん。その〝もっと前〟までね。

大川紫央　もっと前は、例えば？

ハメネイ師守護霊　うーん……。うーん、まあ……、現職の最高指導者なので、ちょっと。

大川紫央・宇田　（笑）

ハメネイ師守護霊　なかなか、そういうあれは、ちょっと、言いにくいんだけど。

大川紫央　すみません。

ハメネイ師守護霊　日本の武士道精神、古来からのね。それをつくった者とは関係はあると思いますね。

大川紫央　武士道？

ハメネイ師守護霊　うん、まあ、天皇を護《まも》って戦ったりしたこともあるし。（約十秒間の沈黙《ちんもく》）あるいは、天皇そのものだったこともあるかもしれない。

大川紫央　天皇で生まれた場合は、何時代ですか。

ハメネイ師守護霊　うーん……。（約五秒間の沈黙）うーん……！（約五秒間の沈黙）うーん……、まあ、それは……、はあー……（息を吐《は》く）。うーん。まあ、鎌倉《かまくら》期は、やっぱり、何か深い縁《えん》を感じますがね。

大川紫央　鎌倉時代に天皇でしたか。武士でしたか。

ハメネイ師守護霊　日本の危機のときに、ちょっと……。

大川紫央　確かに、武士的なものが強くなったのは、鎌倉時代も一つ大きかったと思うんですけれども。

ハメネイ師守護霊　うん、うん。感じますねえ。うん、うん。

（約五秒間の沈黙）

うーん。いやあ、名前としては遺《のこ》っていないが……。

大川紫央　「名前としては遺っていないが」？

ハメネイ師守護霊　うん。北条政子《ほうじょうまさこ》にも「父親」がいたんじゃないか。伊豆《いず》半島の豪族《ごうぞく》で、（源《みなもとの》）頼朝《よりとも》を庇護《ひご》しておった。

大川紫央　あの、あちらではなくて、そちらに行きますか……。

ハメネイ師守護霊　そっちに行きますよ。

大川紫央・宇田　（笑）

ハメネイ師守護霊　イスラム教は深いんだよ。武士道と関係があるんだよ。「ジハード」と「特攻精神《とっこう》」はね、やっぱり、つながってるのよ。

大川紫央　北条時政《ときまさ》さん。

ハメネイ師守護霊　つながってるんですよ。娘《むすめ》よ。つながっておるのだよ（注。以前の霊査《れいさ》により、大川紫央の過去世《かこぜ》の一つは北条政子であることが判明している）。

宇田　（笑）

大川紫央　（笑）あの、いや、あちらかと思ったんです。（北条）泰時《やすとき》か誰《だれ》かが遺したじゃないですか。

ハメネイ師守護霊　貞永式目《じょうえいしきもく》？

●北条時政（1138～1215）　鎌倉幕府の初代執権《しっけん》。源頼朝《みなもとのよりとも》の妻・政子《まさこ》の父。頼朝の挙兵に協力し、鎌倉幕府を開く上で貢献。頼朝の死後は２代将軍・頼家《よりいえ》を廃して実朝《さねとも》を擁立《ようりつ》し、初代執権として幕府の実権を握った。

大川紫央　そう、そう、そう、そう。

ハメネイ師守護霊　いや、そんな頭よくない。

大川紫央・宇田　（笑）

ハメネイ師守護霊　そんな頭よくないんで。

大川紫央　そうだったのですか。お父さんのほうだったのですか。

ハメネイ師守護霊　うん。そんな頭よくない。

大川紫央　どうもお世話になりました。

宇田　（笑）

ハメネイ師守護霊　だから、結局、日本を護ったのと関係はあるだろ？

大川紫央　あります、あります。それはね。

ハメネイ師守護霊　だから、文武両道《ぶんぶりょうどう》の娘を育てて、ねえ？

大川紫央　ごめんなさいね。最後●、たぶん、ちょっと、ごめんなさい。

ハメネイ師守護霊　最後は、ごめんなさいです。

●**最後**……　時政は幕府の実権を握っていたが、子・義時《よしとき》や政子《まさこ》と意見が合わず、後妻・牧《まき》の方《かた》の娘婿《むすめむこ》である平賀朝雅《ひらがともまさ》を将軍に就《つ》けようと実朝《さねとも》殺害を計画するも失敗。幕府内で孤立した時政は鎌倉から追放され、出家《しゅっけ》。晩年を伊豆国《いずのくに》で隠居《いんきょ》して終えた。

大川紫央　そうですね。

ハメネイ師守護霊　ただ、あのとき、頼朝は寄る辺《べ》がなかったんだからね。

大川紫央　おそらく、時政さんが、大きなパトロンではないですけれども、そんな雰囲気《ふんいき》ですよね。

ハメネイ師守護霊　うん、うーん。だから、あれで、「武家政権をつくる」と、強く後押《あとお》ししたために、鎌倉時代が出て、日本の武士道は確立した。

大川紫央　なるほど。

ハメネイ師守護霊　もちろん、古代にもあるけどね。ただ、「武士道として確立した」っていうのはあるな。

大川紫央　そこも大きいですよね。

ハメネイ師守護霊　うん。

大川紫央　いちおう、元寇《げんこう》にも戦う時代にはなりました。

ハメネイ師守護霊　うーん。まあ、貞永式目をつくるほど賢《かしこ》くはなかったので、それは許していただきたい。

だから、そういうね、他国の侵略《しんりゃく》に対しては敏感《びんかん》。

大川紫央　ああ、では、やはり、今も、イランは「国防」ではあるんですよね。

ハメネイ師守護霊　「国防」なんですよ。

だから、明治のときもね、そうやって「国防」で戦いましたけどね。だからね、「国防」はあるんですよ。

イスラム教草創期の過去世《かこぜ》

大川紫央　ハメネイさんは、（魂の）本体があるのではないですか。

ハメネイ師守護霊　それは、あるかもしれませんね。

大川紫央　本体はどういう……。

ハメネイ師守護霊　つかむのは難しいよ。

大川紫央　難しいですよね。でも、（過去世《かこぜ》に）時政さんとかいろいろいらっしゃるけれども、やはり、（魂の）分身《ぶんしん》ではあるような気はするんですよ。

ハメネイ師守護霊　それは、（魂の）本体はいるよ。

大川紫央　本体はいらっしゃるんですね。

ハメネイ師守護霊　うん、うん、うん。

大川紫央　おそらく、本体部分が、より、エル・カンターレと直結されているところ、つながっているところもあると思うんですけれども。

ハメネイ師守護霊　うん。まあ、本体は、それはね、少なくとも、その前だと、イスラム教ができたときあたりにいなきゃいけないでしょうな。

大川紫央　カリフをやられていますか。

ハメネイ師守護霊　まあ、いるかもしれないね。

大川紫央　正統カリフのどこかに入ったりしますか。

ハメネイ師守護霊　うーん、まあ、いるかもしれないね。

大川紫央　二代目、三代目。

ハメネイ師守護霊　まあ、そのあたりにいるかもしれないね。

宇田　（笑）

大川紫央　（笑）二代目か三代目ではないですか。あ……。ムハンマド……、初代（カリフ）がいるのか。初代、二代、三代か。

ハメネイ師守護霊　ただね、今、イランはシーア派であるので。

大川紫央　そうですよね（笑）。

ハメネイ師守護霊　アリーが初代（イマーム）ということになってるため、ちょっと、そこは、少しだけ具合が悪いこともある。

大川紫央　でも、シーア派、スンニ派も、結局、ムハンマドがいなくなったあと、要するに、よくあるいろいろな部族や弟子《でし》同士の派閥《はばつ》争いにすぎないようなところもあると思うので、本を読んでいても、もうたくさんありすぎて覚えられないから、おそらく、（シーア派・スンニ派）関係なく、みなさん、必要なときに、どちらかの立場で生まれられているのではないかと思うのですけれども。

ハメネイ師守護霊　うん、うん。まあ……、ここまで行くと、シーア派ということになりますと、ちょっと、あんまり言うべきでない……。

大川紫央　アーイシャはご存じですか。

ハメネイ師守護霊　はい。

大川紫央　アーイシャと家族だったりしますか。

ハメネイ師守護霊　まあ、よく知ってます。

宇田　（笑）

大川紫央　（アーイシャの）お父さん。……（笑）ということになると、あの……。

ハメネイ師守護霊　イランには、ちょっと、問題はあるかもしれませんので。

日本が持つべき視点――イスラム教はカルトではない

大川紫央　でも、そういう意味では、やはり、「イスラム教自体を護るために、今《こん》世《ぜ》も生まれられている」ということですね。

ハメネイ師守護霊　そうですねえ。イスラム教自体は、まだ、もっと発展する世界宗教であって、何て言うか、トランプさんが思ってるようなカルトじゃないんですよ。カルト宗教に見えてるんでしょ？

だけど、（イスラム教徒は）十六億から十八億ぐらい世界にいるんでね。キリスト教は抜《ぬ》かれようとしてるぐらいですからね。それは、「もうちょっと違《ちが》う文明がありえるんだ」っていう、「文明の違いなんだ」と思っていただきたいなとは思うんですけどね。

大川紫央　うーん。

ハメネイ師守護霊　今ね、だんだん、イランを孤立化《こりつか》させようとしてるんですよ、アメリカは。北朝鮮《きたちょうせん》と同じでね。「イランの孤立化」を図《はか》ろうとしてるので、これは、昔、日本を孤立化させたのと〝同じやり方〟ですよね。今、それをやろうとしてるので。

だから、日本が、ここの部分についてはアメリカと完全には連携《れんけい》しないことを願ってるし、やっぱり、ロシアとも一部提携してくれることのほうが、安全性は高いですね。

日本やロシアが、少なくとも、「アメリカによる完全なイラン蹂躙《じゅうりん》を望まない」ということであれば、われわれも、まだ生き残れる可能性がありますけどね。アメリカが全面戦争型で行きたいんだったら、それは、生き残れない可能性はあると思います。被害《ひがい》は与《あた》えるつもりだけど、武士道としての玉砕《ぎょくさい》もないとは言えないので。

ただ、そのときには、反イスラエルのアラブ勢力は、イスラエルに攻《せ》め込《こ》みますからね。だから、すごい戦いになる……、世界大戦になる可能性はある。

大川紫央　本当に「第三次世界大戦」の……。

ハメネイ師守護霊　ええ。やられるんだったら、国ごと自爆《じばく》することもありえる。でも、やっぱり、イスラエルが原因ですから。

大川紫央　イスラエルですね……。

ハメネイ師守護霊　われわれはみんなね、ああいうふうな無謀《むぼう》な、何て言うか、軍事的にもイスラム圏《けん》を支配できるような国を建てることを認めたつもりはないので。居住するぐらいは許したけども。だからねえ、ちょっと、あれはねえ、やはり……。

で、イスラエルに対してアンチの場合はみんな、ナチスみたいに見えるっていうんでしょ。

だけど、私たちがナチスに見えるよりは、何と言うかね、トランプさんのほうがヒットラーに近いように見えるわね、一般《いっぱん》にはね。アメリカでもマスコミがそう言ってるから。

大川紫央　なるほど。

ハメネイ師守護霊　われわれは、あれほど攻撃《こうげき》的じゃないから。われわれが言ってるのは「専守防衛《せんしゅぼうえい》」だからね。「ハリネズミ型でやる」と、「もし攻撃するなら、ハリネズミになって防衛する」と言ってるんで。「そこまでして攻撃する権利があるのか」と、「イスラエルを護るために、イスラエルはまだ何もされてないのに、イスラエルの将来の敵を除くために、先制攻撃をすることまで許すのか」っていうことですよねえ。

大川紫央　分かりました……。

ハメネイ師守護霊　これには、大きな宗教的見地を含《ふく》めた仲裁《ちゅうさい》は必要です。

大川紫央　うーん。必要ですね。

ハメネイ師守護霊　だから、お願いしてる。

大川紫央　本当ですね。各宗教についてちゃんと分かる人でないと。

ハメネイ師守護霊　そこまで理解してないはずだから、たぶん。

初代カリフのアブー・バクルなのか

大川紫央　では、ハメネイ師の過去世の一つは、ムハンマドさんが死んだあと、初代カリフになられたアブー・バクルさんでよろしいのですか。

ハメネイ師守護霊　はあ……、それを言うと、まあ……。だから、あちらのほうで、イランのほうでは（笑）、そういうものをあんまり認めてない……。

大川紫央　でも、おそらく、イスラム教も、そのうち、対アメリカの争いなどがなくなれば、今度は、イスラム教のなかでの派閥争いをやったりすると思うんですよ。そういうものも、神の名の下《もと》に……。

ハメネイ師守護霊　まあ、団結できてないからやられてるところもある。

●アブー・バクル（573～634）　アブー・バクル・アッ＝スィッディーク。預言者ムハンマドの親友で、イスラム教の勢力拡大に貢献。ムハンマドの死後、イスラム共同体の合議により選出された初代正統カリフ（在位632年～634年）。

大川紫央　そう、そう、そう、そう。

ハメネイ師守護霊　戦わされてね。弱められてるところはある。

大川紫央　だから、そういうのは自分で知っておいたほうがいいと思う。

ハメネイ師守護霊　あ、そっか。

大川紫央　そう！

ハメネイ師守護霊　「自分」というのは、「地上の」な？

大川紫央　「自分」というのは……。

ハメネイ師守護霊　オーケー。

大川紫央　系譜《けいふ》として。

ハメネイ師守護霊　オーケー。そうだ。（過去世は）アブー・バクルだ。

大川紫央　アブー・バクルさんでよろしいですか。

ハメネイ師守護霊　うん。

大川紫央　すごい。

ハメネイ師守護霊　だから、エル・カンターレに近いんだよ。

大川紫央　本当ですね。

ハメネイ師守護霊　本当は近いんだよ。

大川紫央　「ムハンマドさんの親友」で、「ムハンマドさんの近親者以外では最初の入信者」。そして、「アーイシャのお父さん」です。

ハメネイ師守護霊　うん。で、あんたの友達。

大川紫央　どうもありがとうございます。

宇田　ハディージャさん……（笑）（本書第二部　第1章参照）。

ハメネイ師守護霊　だから、このへん、幸福の科学（の人）もゴチャッと出てきとるじゃないか。

宇田　（笑）

大川紫央　ムハンマドさんは、この間、話をした方……。

ハメネイ師守護霊　いやあ……、男か女か、一回調べてみないといかんなあ。

大川紫央　（笑）

ハメネイ師守護霊　ただ、ちょっとね、ムハンマドまで特定すると危ないので。

大川紫央　ええ。危ないですね。

ハメネイ師守護霊　中東のほうでは、ちょっと、危険度が増すので、もうちょっと信用されてからにしたほうがいいと思う。やっぱり、ムハンマドの名をみだりに語ると危険なので。中東では。

国家や宗教の創立期、国家を護《まも》るべき時代に出るハメネイ師の魂《たましい》

大川紫央　でも、やはり、アブー・バクルさんの代は、そんなに長くはなかったけれども、とても重要なときで、統治者としては頑張《がんば》られたと。

ハメネイ師守護霊　でも、あなたから見てもさあ、イスラム教を立てるときの一人として貢献《こうけん》し、鎌倉幕府を立てるときの（一人として）貢献し、という。

　だから、私が「生き残る」ということはだよ、やっぱり、「イスラム圏がまだ繁《はん》栄《えい》するための条件」なんですよ。

大川紫央　いや、確かに、私も、イランとか、中東のほうにいくと、本当に、「善なのか悪なのか。どうなってるのかな」と、ちょっと分からないぐらいだったんですけれども。

　ただ、フィリピンのドゥテルテ大統領も、最初、「天使か悪魔《あくま》か」と、すごく言われていたんですが、「乃木《のぎ》（希典《まれすけ》）将軍」と分かって、もう一気に、「ああ！　そうだったんだ」と。

ハメネイ師守護霊　（彼は）キリスト教（カトリック）で殺しまくってるからねえ。

●ドゥテルテ大統領も……　『ドゥテルテ フィリピン大統領 守護霊メッセージ』（前掲）参照。

大川紫央　そうです。

ハメネイ師守護霊　何千人も。信じられないね。

大川紫央　そういったこと（ドゥテルテ大統領の過去世）をお伺《うかが》いしましたけれども、ハメネイ師が「主よ」と言って出られた瞬間《しゅんかん》に、また、さらに、「その魂《たましい》の日本霊界《れいかい》とのつながり」とか、「信仰心篤《しんこうしんあつ》いお心」とか、いろいろなことをお聞きしていると、もう全然、見る角度が変わりましたね。

ハメネイ師守護霊　ただねえ、今、（ムハンマドは）謙虚《けんきょ》に、「ガブリエルを通じて通信を受けた」みたいなことを言ってるけれども、われらは、主の臨在《りんざい》を感じておったのでね。

大川紫央　はい。

ハメネイ師守護霊　ええ。主を感じていたので。やっぱり、祈《いの》っているときに存在は感じていたので。君たちが御本尊《ごほんぞん》にやるように。

大川紫央　なるほど。

ハメネイ師守護霊　だから、もっと昔だって、それはね、日本でも（縁は）あるし、エジプトとか、ほかのところでも縁は、いろいろ出てくるからさあ。やればきりはないけれども。

まあ、私自身は、それほど偉《えら》い者ではないが、そういう発祥《はっしょう》のときとかにも、ずいぶん頑張ったし、国が危機のときにはよく出てくる。

大川紫央　本当ですね。

日本存亡の日露《にちろ》戦争時の状況《じょうきょう》に似ている今の中東情勢

ハメネイ師守護霊　だから、まあ、黒木為楨《ためもと》は、やっぱり、日本が、普通《ふつう》で言えばね、日清戦争は勝てたとしても、日露《にちろ》戦争は……。

大川紫央　「日露までは」ということですね。

ハメネイ師守護霊　「負ける」っていうのは、これは、国際的には、もう、確実に負ける予定だったものを、東郷《とうごう》（平八郎《へいはちろう》）と私（黒木為楨）が……、まあ、陸軍は、ほかにもね、秋山好古《あきやまよしふる》とかも頑張ったり、まあ、乃木《のぎ》（希典《まれすけ》）も頑張ったけれども、やっぱり、黒木軍が電光石火《でんこうせっか》の動きをしたために……。向こうのほうが優勢だったんですよ、陸軍も。

大川紫央　そうでしたよね。

ハメネイ師守護霊　ロシアは海軍も向こうが優勢だったけれども、陸軍もロシアのほうが優勢だったのを、これを破る力を発揮したんですよ。

だから、日本という国がなくなってる可能性が……。あのときに、もし、バルチック艦隊《かんたい》が勝《か》って、ウラジオストックに入っていた場合、もう日本は、たぶん袋《ふくろ》のねずみになっていたと思われる。国力が（ロシアの）十分の一しかなかったので。

それで、もう、シベリア鉄道から物資が送られてくる寸前で、あと、軍事用品も全部、シベリア鉄道で送られる前に、陸軍のほうが、あちらの戦《いくさ》を決したので。すごい〝スピード戦〟だったんですよね。だから、陸軍も海軍も未然に防いだので。

今、私も、それをやろうとしてるんです。

大川紫央　ああ、なるほど。

ハメネイ師守護霊　あの中東を戦火にさらされる前に、今、止《と》めようとしてるので、あなたがたの力も欲《ほ》しいと思ってる。

「ネタニヤフ首相の危険性」と「ユダヤ教の限界」

大川紫央　イスラエルの人も、イスラム教徒のことを「悪魔だ」と思っていると感じますか。

ハメネイ師守護霊　いやあ、まあ、イスラエルの人は、けっこう、世界に散ってる部分もある。半分は世界に散ってるので。そんなに、信仰がずっと篤いわけではないので。

大川紫央　ああ……。

ハメネイ師守護霊　篤い人は、（イスラエルの）なかに残ってる人のうちの、まあ、一部だね。

大川紫央　では、今、イスラエルの首相をしているネタニヤフさんは？

ハメネイ師守護霊　まあ、あちらこそ、少し、危険人物だと私は思うんだが。

大川紫央　うーん……、ナタリー・ポートマンさんなどもユダヤ人なんですが、「今の首相は好戦的だから、賞（イスラエルのジェネシス賞）を受け取りたくない」というように言っていました。

ハメネイ師守護霊　うーん。だから、君らがトランプ大統領と連携したがるのは結構なんだが、それは日本が弱いからだろう。ただ、ゴラン高原を……。

大川紫央　はい。「トランプ高原」ですね。

ハメネイ師守護霊　イスラエルが取って、「トランプ高原」にして喜んでるっていうのは、これは……。

大川紫央　ちょっとおかしい？

ハメネイ師守護霊　武士道的には、こういうのは、よくないんじゃないか。やっぱり、こういうのは辞退すべきでしょう、本来。

●トランプ高原　アメリカのトランプ大統領が、国際社会がイスラエルへの帰属を認めていないゴラン高原にイスラエルの主権を承認したことへの謝意を示すため、2019年6月16日、イスラエル政府はゴラン高原中部のユダヤ人入植地を「トランプ高原」と命名した。

大川紫央　そうですね。

ハメネイ師守護霊　越権《えっけん》でしょう。「他の国のところまで侵略するたびに、アメリカ人の名前を付ければ防衛ができる」みたいなことを考えてるんでしょう。だから、ちょっと、そのへんは全面的には支援《しえん》しかねる。

大川紫央　うーん。なるほど。

ハメネイ師守護霊　「ネタニヤフは危険人物だ」と私は思ってますよ。あんな小さな国でね、やっぱり、ああいう危険人物が、要するに、支持率が落ちてきてるときに強硬《きょうこう》路線を取れば、支持が上がるからね。

だから、結局、「強硬路線って何か」って言えば、「侵略者になる」っていうことですよ。周りの国、イスラム教の弱い国がいっぱいありますから、周りに。その混乱のところにつけ込んで、もう、中東の半分ぐらい、一気にイスラエル圏にしてしまうことぐらいは、できますから。

大川紫央　分かりました。

ハメネイ師守護霊　サウジアラビア以外は、全部取られることだってありますから。イランさえ潰《つぶ》しておけば、だいたい取れるんですよ、周りの国は。

ヨルダン、シリア、トルコ。それから、イラク……、まあ、イラクは米軍がちょっと入ってるから、イラク。サウジはちょっと無理かもしらんけども。それから、エジプトも戦って、もうすでに（イスラエルが）勝ってるしね。

（中東戦争を）四回やって、一回も負けてないので。金もあるし、戦闘力《せんとうりょく》もあるからね。

ただ、日本人はあんまりよく分かってないから。

大川紫央　まあ、そうですね。

ハメネイ師守護霊　やっぱり、これは、「分限《ぶんげん》っていうものがある」っていうことを教えないといけないと思う。「（ユダヤ教は）世界宗教じゃないんだ」って。今は、ユダヤ教が世界宗教にならなきゃいけない理由は何もない。

だから、「ユダヤ教の神は世界宗教の神じゃない」っていうことを、君たちはちゃんと教えてくれている。それを伝えることが大事だな。

大川紫央　はい。分かりました。

「日本が中国に対して持つべき判断と兵力」とは

ハメネイ師守護霊　だから、北朝鮮に関しては、確かに、君らの防衛上、憲法も改正できないんじゃ、アメリカに護《まも》ってもらうしかないから、あれだけれども。でも、いずれ、これはね、やっぱり、「日本は、独自防衛して、北朝鮮にも、香《ホン》港《コン》、台湾《たいわん》に対しても、日本の判断で、協力するときは協力する」というように、できるようにしたほうがいいね。

だから、そんなに、〝トランプさんの曲芸〟みたいなので、全部はやれないよ。今、（日本は）「中国との貿易」ばかり考えていた人が、だいたい中心部にいるからね。それは、すごく言いにくいことだろうと思うよ。「対中国防衛」なんていうのを、はっきり言ったり、「香港を護る」「台湾を護る」なんていうことは言えないんだろう。でも、これは正義じゃない。

だから、「日本が護るべきだ。それだけの兵力を持つべきだ」と（思う）。やっぱり、原子力潜水艦《せんすいかん》、原子力空母、そして、中長距離弾道《ちゅうちょうきょりだんどう》ミサイル、全部必要ですよ。
それで、できたら、ロシアとも、少なくとも、敵国にならない関係を結ぶ必要がある。そういう意味では、平和条約を、何にも中身がなくても、私は結んどいたほうがいいと思う。とにかく、「ロシアとは戦わない」ということを、そして、「先の戦争は終結した」ということだけは確認しといたほうがいい。

大川紫央　まあ、日本は、外交についても、もう少し、地に足をつけて考えたほうがいいですよね。今、フワッとしていますから。

ハメネイ師守護霊　もうね、中国の観光客が来て、銀座《ぎんざ》で買い物してくれるのばかりあてにしたり、観光の人数を増やそうとか、そういうことやっとるんだろう？そんなの、もう、全部、中国の手だからね。
ただ、（中国は）経済的には、もう逼迫《ひっぱく》してきているから。あそこも、〝ガラスの城〟みたいになってるので。たぶん、「もうすぐパンクする」と思うからさ。

「政教一致《いっち》の国が、地球にあってもいいじゃないか」

ハメネイ師守護霊　いやあ、こちらもね、政教一致《いっち》の国をつくってるので、そんな簡単に壊《こわ》さないでほしいんですよ。

大川紫央　なるほど。

ハメネイ師守護霊　「変えるべきものは変えていってもいい」とは思うけれども、ただ、そういう国があってもいいじゃないか。なあ？　だから、一部を捉《とら》えて危険視するんだけれども、君たちの考えを入れて、われわれは変える気はあるし、（イスラム教徒のなかには）君らの会員もいるけど、理解はできるんだろう、（幸福の科学の）言ってることが。それは変える気はあるよ。

だから、ちゃんとした私の霊言《れいげん》も出してもらってもいい。まあ、ムハンマドのところは、少し用心しながらやったほうがいいと思いますが。

大川紫央　分かりました。

ハメネイ師守護霊　だから、「日本とは深い縁があるんだ」ということを知っといてほしい。

大川紫央　そうですね。

ハメネイ師守護霊　だから、（霊言で転生《てんしょう》が明らかになると）フィリピンの悪口を、みんな言わなくなったでしょう？

大川紫央　ええ。

ハメネイ師守護霊　だから、イランの悪口を言わないようにしてくれれば、防衛力になる。君たちの言論は抑止力《よくしりょく》になる。

大川紫央　そうですね。

地球霊界《れいかい》の「高次元存在」であることを明かす

大川紫央　では、「（過去世が）黒木（為楨）さんであったこと」等を含め、みなさんに知っていただいてもいいですか。

ハメネイ師守護霊　当然でしょう。

大川紫央　はい。

ハメネイ師守護霊　もっと出てくるものがあれば、もっと出てきますよ。

大川紫央　そうですね。

ハメネイ師守護霊　もっと古い時代まで出ますよ。

大川紫央　出てくるでしょうね。

ハメネイ師守護霊　いや、私はね、あなた、これでも、いちおう、「●八次元存在」なんですよ。

●**八次元**　霊天上界《れいてんじょうかい》は多次元構造となっており、地球系では九次元宇宙界以下、八次元如来界《にょらいかい》、七次元菩薩界《ぼさつかい》、六次元光明界《こうみょうかい》、五次元善人界《ぜんにんかい》、四次元幽界《ゆうかい》、三次元地上界がある。八次元には、人類の教師役として、宗教の祖や思想・哲学の根源になったような人が存在する。

大川紫央　はあー！　すごい！　八次元存在ということは、その本体のお名前は？

ハメネイ師守護霊　いや、それはね、非常に、あのー……。

大川紫央　言いにくい？

ハメネイ師守護霊　いやあ、まあ、それは、ちょっと、まだ、次の霊言にしよう、問題があるから。

大川紫央　すごいですね！

宇田　へえー!?

大川紫央　では、やっぱり、分霊《ぶんれい》もお持ちで、いろいろ生まれていらっしゃるのではないですか。

ハメネイ師守護霊　だから、私の側から話した幸福の科学は、また違った面が見える。

大川紫央　本当ですね。

ハメネイ師守護霊　でも、それは、次の……。

大川紫央　正式な……。

ハメネイ師守護霊　ときにしよう。

宇田　そうですね。

ハメネイ師守護霊　ねえ?　「イスラム教から見た幸福の科学は、どう見えるのか」っていうことは、次の話にしよう。

大川紫央・宇田　ありがとうございます。

第3章

ネタニヤフ首相守護霊《しゅごれい》の霊言《れいげん》

二〇一九年六月二十四日　収録
北海道にて

ベンヤミン・ネタニヤフ（一九四九〜）

イスラエル国首相。マサチューセッツ工科大学（ＭＩＴ）で建築学、同スローン経営大学院で経営管理を学び、さらにハーバード大学とＭＩＴで政治学を学ぶ。ボストン・コンサルティング・グループ勤務や国連大使等を経《へ》て、政界に進出。一九九六年から三年間、首相を務めたが、汚職疑惑《おしょくぎわく》により、一時的に政界を引退。二〇〇二年、外相として政界に復帰し、二〇〇九年総選挙では「イランの核《かく》武装阻止《そし》」等を訴《うった》え、首相に再登板した。

質問者

大川紫央《おおかわしお》（幸福の科学総裁補佐《ほさ》）

［役職は収録時点のもの］

1　ユダヤ教の神ヤハウェの「性格」と「思想」

「イスラム教はテロを世界に広げる悪い宗教」

大川隆法　イスラエル首相ネタニヤフ。イスラエル首相ネタニヤフさん。イスラエル首相ネタニヤフさん。

（約十秒間の沈黙《ちんもく》）

ネタニヤフ守護霊　うん？　うん、うん。

大川紫央　こんにちは。

ネタニヤフ守護霊　ああ、あ、うん……。うん。

大川紫央　日本語はしゃべれますか。

ネタニヤフ守護霊　ああ……、通訳、いれば。うーん……。

大川紫央　今、イスラエルの（占領地《せんりょうち》）ゴラン高原（の新入植地）が「トランプ高原」になったりもしましたし……。

ネタニヤフ守護霊　うん。うん。うん。うん。

国会で記者会見するネタニヤフ首相（2019年5月29日、イスラエル）。

大川紫央　ただ、イラン側とか中東の諸国からすると、やはり、イスラエルの核《かく》が脅威《きょうい》なので、自分たちも国を護《まも》ろうとしていて、そこで、さらに、アメリカともぶつかっていると思うんですけれども、ネタニヤフ首相は、どのような感じで、そういった国を見ていらっしゃいますか。

ネタニヤフ守護霊　うーん……、まあ、イスラム教は、全体に、非常にテロが多いので、あんまり「世界に広がる」っていうことは、「テロの根源が広がる」ということになるから、やっぱり、「イスラム教は悪い宗教だ」ということは、世界的には告知しておきたい。

ネタニヤフ氏守護霊が信じる神ヤハウェの「性格」

大川紫央　ネタニヤフ首相は、神様は、誰《だれ》を信じていらっしゃるんですか。

ネタニヤフ守護霊　うーん……、ヤハウェ。

大川紫央　ヤハウェですね？

ネタニヤフ守護霊　うん。

大川紫央　ヤハウェとは、霊的《れいてき》にはつながっていますか。

ネタニヤフ守護霊　いいえ。いちおう、「ヤハウェが神」っていうことになってる。

大川紫央　霊的に指導を受けている人は、誰かいますか。

ネタニヤフ守護霊　霊的に？

大川紫央　ええ。

ネタニヤフ守護霊　うーん……。私より前の人は「国がなかった人たち」だから。

大川紫央　あっ、そういうことですか。ネタニヤフ首相は、イスラエル建国後に生まれた最初の首相経験者ですものね？

ネタニヤフ守護霊　そう。建国の翌年《よくとし》に生まれたんで。私が〝初代〟と、もう本当に言ってもいいぐらいの人。

大川紫央　あっ、では、生まれたときから、「イスラエル」という国がいちおうあるので……。

ネタニヤフ守護霊　うーん。それは私の世代。（私は）〝初代〟みたいなもの。

大川紫央　でも、そういう意味では、「（イスラエルを）普通《ふつう》の国」という感じで思っているということですか。

ネタニヤフ守護霊　うん。だから、国で生まれたから、国を立派にしたいと思ってます。

大川紫央　なるほど。ユダヤ民族については、どういうお考えですか。

ネタニヤフ守護霊　うーん……、すごく神に選ばれた優秀《ゆうしゅう》な民族だと思ってます。

大川紫央　では、イエス・キリストについては？

ネタニヤフ守護霊　まあ、ヤハウェの僕《しもべ》でしょうね。

大川紫央　ヤハウェというのは、どのような神様なんですか。

ネタニヤフ守護霊　いや、だから、会えないから分からない。

大川紫央　そうですか。例えば、ハメネイ師からすると、「アッラーはすごく慈悲《じひ》のある神様だ」とおっしゃっていますが、ネタニヤフ首相からすると、ヤハウェ神というのは、どのような神様に見えるのでしょう。

ネタニヤフ守護霊　うーん……。やはり、「イスラエルをとても愛して、他民族が繁栄《はんえい》することは妬《ねた》まれる神」だと思います。

大川紫央　ああ、なるほど。

ネタニヤフ守護霊　だから、イスラエルじゃなくて、ほかの国に油、石油がいっぱい噴《ふ》いて、働かないで食っていける国とかがあるのは、たいへん妬んでおられると思います。「そういう石油が噴くところは取ってしまいたい」と思ってると思います。

大川紫央　そういうことですか。

ネタニヤフ守護霊　石油が噴くところを押《お》さえてれば、イスラエルは強国になる。

大川紫央　イスラエルのなかでは、石油は噴きませんものね？

ネタニヤフ守護霊　うん。ない。ただの石ころ。

大川紫央　「だから、嫉妬《しっと》している」ということですね？

ネタニヤフ守護霊　うん。「嫉妬の神」だから。

大川紫央　では、今は、ネタニヤフ首相もそう思っているということですか。

ネタニヤフ守護霊　うん、まあ、神がそういうことを……。まあ、伝わってくるから。

大川紫央　へえー。

ネタニヤフ守護霊　会えないけど。

大川紫央　なるほど。

油が噴《ふ》いている国を取って、「一、二億人の国家」をつくりたい

大川紫央　では、アメリカに対しては、どう思っているんですか。いちおう、アメリカ人は、ユダヤ人ではないですけれども。

ネタニヤフ守護霊　アメリカは……、まあ、でも、ユダヤ人は受け入れてくれたからね。

大川紫央　はい。

ネタニヤフ守護霊　まあ、「よき隣人《りんじん》」と考えている。●サマリア人《びと》だからな。

大川紫央　ご自身もアメリカで大学に行かれたりしていますから。

ネタニヤフ守護霊　うん、そう、そう、そう、そう。だから、アメリカのよさもある。

で、それはねえ、アメリカから見れば、イスラエルに来るほうが生活はしやすくて。イスラム教の国は、すごく生活しにくいですからね。

大川紫央　いや、でも、今、「その妬んでいる」ということが、すごくよく分かりました。

●サマリア人　「ルカによる福音書《ふくいんしょ》」に記《しる》されている、イエスが語ったたとえ話。ある律法の専門家に対し、「永遠の命」と「隣人愛」について教えるために、イエスは、「追い剝《は》ぎに遭《あ》い倒れていた人を見た司祭《しさい》やレビ人は見て見ぬ振《ふ》りをしたが、（異邦人の）サマリア人は倒れた人を助けた」と語ったとされる。

ネタニヤフ守護霊　だって、油が噴《ふ》いてるから。あの油のくっついてるところを取りたい。

大川紫央　でも、油の噴いているところを取ったら、ユダヤ人は優秀ではなくなるかもしれないんですよ。なぜなら、その石油でお金が儲《もう》かるので、みな、勤労の精神を失うところもあるらしいですから。

ネタニヤフ守護霊　いや、いや。それで工業をもっと発達させて、産業を起こし、富国強兵《ふこくきょうへい》をやるから。まあ、今みたいな人口じゃなくて、やっぱり、一億、二億いる国にしたいんで。

大川紫央　ああー、ユダヤ人を増やしたいんですね？

ネタニヤフ守護霊　うん。ユダヤ人っていうのはね、そういう「人種《じんしゅ》」じゃないんですよ。そのへん、エジプトあたりから中東へんに住んでる人たちは、みんな、民族的に見れば、ＤＮＡ、そんな変わらないんですよ。

大川紫央　まあ、「ユダヤ教を信じている人」が、ユダヤ人なんですよね？

ネタニヤフ守護霊　うん、そう、そう。ユダヤ教を信じればユダヤ人なので。ユダヤ教を信じさせるためには、国を取るしかないんですよ。

大川紫央　なぜ、キリスト教とはうまくいっているんですか、今のところ。

ネタニヤフ守護霊　うーん……、ユダヤ人だった人が、数多く、キリスト教徒に生まれ変わっているからでしょうね。

大川紫央　ああー、なるほど。

「トランプは過去世《かこぜ》でユダヤ人、戦って敵の領地を取りたいタイプ」

大川紫央　名前を「トランプ高原」にするのは、いいんですか。

ネタニヤフ守護霊　いやあ、そうすると、トランプさんは護るでしょうから。

大川紫央　「護ってくれ」というメッセージですか。

ネタニヤフ守護霊　いや、国連にものを言わさないためにそうしたんで。

大川紫央　トランプさんは、やはり、親ユダヤなんですか。

ネタニヤフ守護霊　どうせ、昔はユダヤ人よ。

大川紫央　きっと生まれた経験はありますよね？

ネタニヤフ守護霊　うん。たぶん、昔はユダヤ人。

大川紫央　なるほど。

ネタニヤフ守護霊　まあ、（トランプ大統領は）キリスト教徒っていったって、そんなにキリスト教徒っぽくないでしょ？　見ててね。

大川紫央　そうですね。

ネタニヤフ守護霊　それよりは、何かね、やっぱり戦って敵の領地を取るほうが好きそうじゃないですか。

大川紫央　（笑）でも、いつも、すごく創造主のことは、おっしゃっています。

ネタニヤフ守護霊　でも、気分はね、あの出《しゅつ》エジプトのモーセみたいな気分を持っていらっしゃるから。

大川紫央　ああ、それはハメネイさんの守護霊もおっしゃっていました。

ネタニヤフ守護霊　敵を蹴散《けち》らしてね、領土を立てたいような気持ちを持ってるから、トランプさんは。まあ、アメリカ以上に領土を広げたいぐらいなんで。

大川紫央　いちおう、（過去世《かこぜ》で）ジョージ・ワシントンとして建国したから。

ネタニヤフ守護霊　うんうん。だからね、西の果てまで来てね、西海岸から太平洋を取りに。

大川紫央　（ネタニヤフ首相は）サッチャーさんも尊敬されているようです。

ネタニヤフ守護霊　昔は、あれも、どうせユダヤ人だから。

大川紫央　ああ。そういう意味ですか。あなたは、過去世もずっとユダヤ人なんですか。

ネタニヤフ守護霊　分からない。だから、千九百年、国がなかったから。

大川紫央　そうですね。

ネタニヤフ守護霊　うん、分からない。

大川紫央　でも、根本的にはその……。

ネタニヤフ守護霊　まあ、キリスト教には親和性あるよ。

大川紫央　なるほど。

ネタニヤフ守護霊　だから、イスラム側ではない。（過去世で）生まれている人はキリスト教側。うん。

「ユダヤ以外は繁栄《はんえい》を許されない」という選民思想

大川紫央　でも、いちばんは、やはり、中東のイスラム教国の地に油が噴いているから、取らなきゃいけないっていうのがあるんですよね？

ネタニヤフ守護霊　うん。取らなきゃ。うんうんうん。

大川紫央　それは、防衛だけではなく、侵略《しんりゃく》性を持っているじゃないですか。

ネタニヤフ守護霊　もちろん。だって、もともと、それで国が建ったんだから。

大川紫央　なるほど。

ネタニヤフ守護霊　「イスラエル」っていう国は、「神が選ばれし者たちの国」だから。神が命じられたものであれば、取っていいんですよ。

大川紫央　でも、あのハメネイ師やイスラム教側の人から見ると、「『カナンの地』といっても、やはり、国がなかったじゃないか」と。

ネタニヤフ守護霊　うん。先住民いたよ。

大川紫央　「自分の国の民族が路頭《ろとう》に迷うというのは、やはりヤハウェが全智全能《ぜんちぜんのう》の神ではない。ただの民族神だ」と。

ネタニヤフ守護霊　うん、だからね、イエスは、「自分の神」が「イスラエルの神」だと思っていたからね。だから、呉越同舟《ごえつどうしゅう》で、同じユダヤ人だから同じ神と思っていたら、神が違《ちが》ったらしいけどね。でも、たぶん、創造主はヤハウェよ。うん。

大川紫央　いや、たぶん、創造主とヤハウェは「別」なんですよ。

ネタニヤフ守護霊　「ヤハウェ」っていっても、創造主には名前はないのよ。だから、隠語《いんご》なのよ。あれは隠語なので、呼んではいけない、名前を出してはいけないっていう。仮にそう呼んでいるだけなので、名前はないんです。

大川紫央　ああ。イスラム教側から見ると、自分たちは創造主であるアッラーにつながる宗教と見て、そして、ユダヤの人たちも、今、おそらくそういうふうに思っていて……。

ネタニヤフ守護霊　だって、創造主だったらさ、イスラム教になって、キリスト教とも戦うし、われわれもいじめたりするようなことは、たぶんないと思うんだよね。だから、創造主なら、ユダヤ教みたいな国を建てるべきで。ユダヤの国を建てるべきところにイスラム教を建ててるのはおかしい。だから、あれ（アッラー）は邪《じゃ》神《しん》だと思う。

大川紫央　でも、創造主はユダヤの民族だけを見ているわけではないじゃないですか。地球丸ごとを見ているんじゃないんですか。

ネタニヤフ守護霊　いや、だから、創造主は、まずユダヤの民《たみ》を豊かにして、その他の民は、ユダヤが許すかぎり、繁栄《はんえい》を許され、許されない場合は、繁栄を許されない。

大川紫央　ユダヤ教の「選民思想」が多少ネックになっているところがあるんでしょうね。

ネタニヤフ守護霊　だって、「選民思想」だもん。

大川紫央　まあ、「選ばれし民」っていうことなんですけどね。

ネタニヤフ守護霊　うん、そうよ。だから、少ないことは別に不利なわけじゃなくて、それは「選ばれし者」で。今はその「選ばれてない民」のほうが七十何億もいるっていうことになってるから。

2　ユダヤ教思想から導かれるイスラエルの国家戦略

「核《かく》兵器はユダヤ産だから核武装する権利がある」と主張

大川紫央　ネタニヤフ首相は、過去世《かこぜ》は分かりますか。

ネタニヤフ守護霊　それは難しいな。

大川紫央　宇宙人（の魂《たましい》）は？

ネタニヤフ守護霊　いや、分からない。

大川紫央　分かりませんか。

ネタニヤフ守護霊　うん。

大川紫央　例えば、●ハンナ・アレントは？

ネタニヤフ守護霊　ああ。あいつは〝裏切りもん〟だ。

大川紫央　〝裏切り者〟なんですか!?

ネタニヤフ守護霊　うん。

大川紫央　なぜ？

●ハンナ・アレント（1906〜1975）　政治学者・哲学者。ユダヤ系ドイツ人として生まれる。1933年にナチス政権が成立したあと、パリに逃《のが》れ、1951年、アメリカに帰化。同年、『全体主義の起源』を発表し、反ユダヤ主義と帝国主義に焦点を置いて、ナチズム、スターリニズムの根源を突き止めた。

ネタニヤフ守護霊　だって、アイヒマンを擁護《ようご》したじゃないか。

大川紫央　なるほど。

ネタニヤフ守護霊　あれはやっぱ裏切り。アメリカナイズして、もう、転向者だな。

大川紫央　アインシュタインは？

ネタニヤフ守護霊　まあ、日本に核爆弾《かくばくだん》を落としたのはよかったかもしらん。だから、ユダヤは核防衛する権利があるんだ。

大川紫央　なぜ日本に核爆弾を落とすのがよかったことなんですか。

●アドルフ・オットー・アイヒマン（1906～1962）　ドイツのナチス親衛《しんえい》隊中佐。第二次大戦中のユダヤ人大量虐殺に関与したとされ、死刑となった。

ネタニヤフ守護霊　うーん？　だから、戦争が終わったじゃないか。

大川紫央　ああ、そういうことですか。

ネタニヤフ守護霊　うん。（核爆弾は）ユダヤ人がつくったもんだから、イスラエルは核防衛する権利はあるわけよ。（それを）イスラム教国は分かっとらんじゃない。

大川紫央　じゃあ、アンネ・フランクは？

ネタニヤフ守護霊　そんな小物《こもの》はどうでもよろしい。

●日本に核爆弾を落とした……　アインシュタインは原爆のもとになる「考え方」をつくったが、実際の使用には反対していた。「プルトニウムが爆発し、巨大なエネルギーを生む」という原爆の理論的根拠は、アインシュタインが発見した「$E=mc^2$」の公式にある。

大川紫央　なるほど。だいたい分かりました。

ネタニヤフ守護霊　それで、いいの？　ふーん。

大川紫央　まあ、ネタニヤフ首相の基本的な考え方は分かったような気がします。

ネタニヤフ守護霊　まあ、（イスラエルを）大国にはしたいのよ。まあ、少なくともイランとイラクを合わせたぐらいの国にはしたい。

大川紫央　なるほど。そのくらいの「大きいイスラエル」にし、そのなかに住む国民も増やし……。

ネタニヤフ守護霊　うん、まずはね。だから、あと、移住は、世界に散ったユダヤ人とその仲間も集めて一つの強国をつくって。で、これまたいろんな産業をつくり、「金融都市《きんゆうとし》」にし、繁栄《はんえい》させたい。「金融都市」はつくれると思うし。

大川紫央　でも、イスラム教の人たちはみんな、「(イスラエルは) あとから入ってきて、もとにいた民族たちを追いやって、移住までさせてわざわざ建国したんだから、もう少しおとなしくすればいいのに」と言っていましたよ。

ネタニヤフ守護霊　いや、油が噴《ふ》いているからね、もう昼寝《ひるね》しながら生活している怠《なま》け者なのよ。

大川紫央　その原理は、やはり「嫉妬《しっと》」ですね。

ネタニヤフ守護霊　いや、もう、ほとんど、パンダやねえ、ナマケモノ、それからコアラみたいな人たちですよ。だから、働いてないよ、彼らは。ほとんど油で食ってるから。

「西洋の近代化はユダヤの契約《けいやく》思想」「イスラム教は原始人の教え」

大川紫央　共産主義はどう思いますか。

ネタニヤフ守護霊　いやあ、共産主義も〝ユダヤ産〟だから、基本は。

大川紫央　あっ、なるほど。マルクスですか。

ネタニヤフ守護霊　〝ユダヤ産〟ですよ、共産主義は。

大川紫央　では、やはり「嫉妬の原理」が……。

ネタニヤフ守護霊　そりゃあね、やっぱりね、キブツとかねえ、そういうふうな共同体思想だからね。強い絆《きずな》で結ばれた民族のあれだからね。

大川紫央　中国は？

ネタニヤフ守護霊　中国は、今のところ、可もなし不可もなし。何でもない。

大川紫央　なるほど。トランプさんの娘《むすめ》のイヴァンカさんとかはどうですか。

ネタニヤフ守護霊　まあ、それはいいことで。だから、アメリカが、次はユダヤ教の国になるかもしれないっていう。

●キブツ　イスラエルの農業共同体の一種。ヘブライ語で「集団」を意味する。私有制を否定し、運営・生産・教育などを共同で行《おこな》っていたが、1990年代以降、その多くは、財産の私有と給与制、家族単位での子育てへと転換し、工業等も営《いとな》んでいる。

大川紫央　魂的に交流はあったりするんですか。

ネタニヤフ守護霊　うーん？　うん、まあ……、（イヴァンカさんの）夫のほうはあると思うがね。詳《くわ》しいことは分からんけども。

大川紫央　もともとそうですもんね。

ネタニヤフ守護霊　ユダヤ人の男は「いい男」なのよ。賢《かしこ》くて美貌《びぼう》があって、金儲《かねもう》けがうまい。もう結婚《けっこん》するならユダヤ人なの。

大川紫央　だいたい分かりました。

ネタニヤフ守護霊　イスラム教国みたいに淫《みだ》らでない。

大川紫央　淫ら？

ネタニヤフ守護霊　ああ、だから、「アラビアンナイト」の世界は、淫らな世界でしょ？

大川紫央　まあ、『千夜一夜物語《せんやいちやものがたり》』などを読むかぎり、そういうところはけっこう多いですけれども。

ネタニヤフ守護霊　淫ら、乱れ、乱れ、乱れで。
ユダヤ教は契約《けいやく》思想の始まりなので、〝西洋のもと〟なの。

大川紫央　でも、根本《こんぽん》は、（イスラム教国では）おそらく男性と女性がもっと明確に分かれている考え方で、女性も生きていかなければいけないので、やはり裕福《ゆうふく》な男性が食べさせているんですよね。

ネタニヤフ守護霊　とにかく、西洋化・近代化は「契約思想」ですよ。「契約思想」のもとはユダヤ思想なんで。だから、今の「グローバリズム」はユダヤから来ているんですよ。〝震源地《しんげんち》〟なんで。ギリシャじゃないんです。契約思想はユダヤから来ているんだ。「神との契約」が、次は「人間間《かん》の契約」になっていってるんで。

イスラム教なんか契約思想がないから、「アッラーの御心《みこころ》のままに」って言って、もう勝手放題やってるんで。あれはもう〝原始人の教え〟よ。絶対違《ちが》う。

大川紫央　なるほど。深い対立があるんですね。分かりました。

日本とユダヤが似ている点を指摘《してき》

大川紫央　日本はどうですか。

ネタニヤフ守護霊　えっ?

大川紫央　日本。

ネタニヤフ守護霊　日本は、ほんとにユダヤ人によく似ているんじゃないかなあ。うん。

大川紫央　そう見えるんですか。

ネタニヤフ守護霊　うん、まあ、よく似てるんじゃないかね。うん。資源もなく知《ち》恵《え》だけで生きている姿は、極《きわ》めてよく似ていると思う。うん。

大川紫央　日本では、最近、特に、武士道もなくなり、吉《よし》田《だ》茂《しげる》以降、経済優先の政治がずっと続いていますからね。

ネタニヤフ守護霊　うん。経済だけでね。経済とね、国際外交の綱渡《つなわた》りで生きているよな。うん。まあ、日本には、別にそんな敵対心はないけれども、特に売り買いするほどのものもないという。うん。

「アメリカに応援《おうえん》させれば、主なる神が立つ」と主張

大川紫央　マモンの神とかは？

●マモン　『新約聖書《しんやくせいしょ》』において「富」を意味する言葉。「金銭の神」の意味で用《もち》いられる。

ネタニヤフ守護霊　うん?

大川紫央　マモンです。お金。

ネタニヤフ守護霊　いやあ、それは「アラビアンナイト」の世界なんじゃないのかな。マモンの神こそ、あちらのほうの、そのアッラーの正体だよ、きっと。

大川紫央　（苦笑）いやいやいや。

ネタニヤフ守護霊　そうだよ。地中海周辺に住んでいた〝金儲けの神〟だよ。あれは、あっちのもんだよ。あのねえ、そんな金儲けの神は、同時に〝追い剝《は》ぎの神〟なのよ。強盗《ごうとう》、追い剝ぎ。

大川紫央　でも、ユダヤ人は金儲けが得意じゃないですか。

ネタニヤフ守護霊　うん？　それは、正当な契約思想でお金を儲けてるんだよ。ディール。

大川紫央　でも、発想として、今、油の利権は正当な契約ではなく、戦争で取ろうとしているところがありますよね？

ネタニヤフ守護霊　うん、だからね、邪神《じゃしん》に取られてるから、今。金儲けの邪神に取られてるから。そんな全智全能《ぜんちぜんのう》の神が、われらに委《ゆだ》ねられてるんだからね？

大川紫央　でもね、「嫉妬するのはよくない」と創造主はおっしゃっています。

ネタニヤフ守護霊　うん。いや、嫉妬じゃなくてね、それは、やっぱり「民族としてのレベルの差」なのよ。だから、劣《おと》るものは進んでいるものについてこなきゃいけないのよ。

大川紫央　でも、イスラム教から言うと、「ユダヤの国がなくなり、そこにイスラム教が興《おこ》った時点で、神の御心は表れている。新しい宗教をつくられたんだから」と。

ネタニヤフ守護霊　だから、今度はイスラム教を潰《つぶ》して、今、ユダヤ教をまた大きくするんじゃない。

大川紫央　それは「戻《もど》そうとしている」ということですか。

ネタニヤフ守護霊　だから、本当の神の心を表そうとして。これは、「主なる神は誰《だれ》か」をめぐっての戦いなの。

大川紫央　戦いなんですね？

ネタニヤフ守護霊　うん、そうです。

大川紫央　分かりました。

ネタニヤフ守護霊　アメリカを取り込《こ》めれば、「主なる神」は立てられるから。

大川紫央　アメリカを取り込んで〝後ろ盾《だて》〟にしようとしているということですか。

ネタニヤフ守護霊　うん。（アメリカに）応援《おうえん》させれば、「主なる神」は立つから。

うん。

大川紫央　分かりました。

ネタニヤフ守護霊　だから、われわれは、戦争する気はありますよ。うん。

大川紫央　あるんですね？

ネタニヤフ守護霊　うん。だから、少なくともエジプトからサウジアラビアまでは取っても構わないと思ってるから。あとイランまで。

大川紫央　でも、今度戦争をしたら、自分の国にするのではなく、核戦争になってしまい、その一帯がまた砂漠《さばく》になるという予言もありますよ。

ネタニヤフ守護霊　いや、でも、砂漠だから、別に構わない。砂漠だから構わない。うん。

核兵器はね、地下までは、そんなに影響《えいきょう》しないから。地上が吹《ふ》っ飛ぶだけだから。

「イスラム教徒を減らすだけ」「一神教が幾《いく》つもあるのはよくない」

大川紫央　日本は、日本自身で原油が採《と》れないから、やはり原子力発電所を稼働《かどう》させないと、どちらにしても生き残れそうにないですね。

ネタニヤフ守護霊　それは私たちに、全部を分けて戻してくれれば、原油はまた考えますけどね。

大川紫央　でも、戦争の結果、油田がなくなるかもしれないですから。

ネタニヤフ守護霊　いやいや、大丈夫《だいじょうぶ》ですよ。地下何百メートルまでは吹っ飛ばないから。

大川紫央　なるほど。

ネタニヤフ守護霊　原爆は上だけだから。石造りや土造りの家、安いセメント造りの、レンガ造りの家が吹っ飛ぶだけで。

要するに、「イスラム教徒を減らす」だけですから。

大川紫央　分かりました。では、ネタニヤフ首相のお考えはお聞きできましたので。

ネタニヤフ守護霊　うん。正しいでしょ？　だから、「主なる神」をめぐっての争いなんだよ。今、これがずっと紛糾《ふんきゅう》しているんだから。

大川紫央　トランプ大統領は何と言っているんですか。「ヤハウェがいちばん上だ」って言ってました？

ネタニヤフ守護霊　トランプさんは分かってないよ。よく分かってないから。うん。トランプさんはよく分かってない。

大川紫央　では、中東に関して言えば、「ヤハウェかアッラーか」ということですか。

ネタニヤフ守護霊　うん。だから、ヤハウェはエジプトで追い返され、中東で追い返され、今、困ってるから。

大川紫央　だから、「ヤハウェは弱い」じゃないですか。

ネタニヤフ守護霊　だから、ヤハウェの神殿《しんでん》をちゃんと建てなければいかんのよ。

大川紫央　いや。見ても分かるように、結局、国はなくなっているから、「ヤハウェは弱い」じゃないですか。

ネタニヤフ守護霊　いやいや、それはね、何百万年、何千万年の長い歴史のなかで見れば、ほんのほんのほんの〝ちょっと〟だよ。〝一瞬《いっしゅん》〟だから。神は、もう千年を一日のごとく生きておられるから、二千年ということは、まだ〝二日〟なの。

大川紫央　いや、ヤハウェの上に本当の創造主がいることを知らなければいけないかもしれません。

ネタニヤフ守護霊　あ、つながってないから、そこまでは分からん。

大川紫央　勉強してください。

ネタニヤフ守護霊　いやあ、そんなものはユダヤの教典には書いてないんで。「（ユダヤ教は）他の神は認めてない」ので。うん。

だから、一神教が幾《いく》つもあるのはよくないことです。ユダヤ教、キリスト教、イスラム教、みんな一神教を言ってるから、この神が一つになるまでは決着がつかない。

大川紫央　では、このあたりで。今日は、ありがとうございました。

大川隆法　はい。（手を二回叩《たた》く）

あとがき

幸福実現党の政策は、ほぼ、トランプ政権と足並みはそろえているが、本書では、対イラン政策では考えの違いが出ている。世界宗教と民族宗教の違いをふまえて、外交面でも濃淡《のうたん》が出ているのだ。

簡潔《かんけつ》に言うなら、無神論・唯物論《ゆいぶつろん》国家の覇権《はけん》は抑止《よくし》し、正統性のある宗教国家は護《まも》ろうとしていると言ってよい。

日本も主体的外交ができ、世界正義を主張できるためには、原子力発電、原子力空母、原子力潜水艦、核ミサイルも本格的に検討すべき時が来たと言ってよい。

また、まず3%から始めて、5%の経済成長を目指し、二〇五〇年までに、中国との経済力の逆転を真剣に考えたい。リーダー国家よ、志《こころざし》を崩《くず》すな。

二〇一九年　六月二十六日

幸福《こうふく》の科学《かがく》グループ創始者兼総裁《そうししゃけんそうさい》
幸福実現党創立者兼総裁《こうふくじつげんとうそうりつしゃけんそうさい》　大川隆法《おおかわりゅうほう》

『リーダー国家　日本の針路』関連書籍

『黄金の法』（大川隆法　著　幸福の科学出版刊）
『永遠の法』（同右）
『信仰の法』（同右）
『地球を救う正義とは何か』（同右）
『日本の使命』（同右）
『ドゥテルテ　フィリピン大統領　守護霊メッセージ』（同右）
『広開土王の霊言　朝鮮半島の危機と未来について』（同右）
『ロシア・プーチン新大統領と帝国の未来』（大川隆法　著　幸福実現党刊）

リーダー国家《こっか》 日本《にほん》の針路《しんろ》

2019年 6 月27日　初版第 1 刷

著　者　大《おお》　川《かわ》　隆《りゅう》　法《ほう》

発行所　幸福の科学出版株式会社
〒107-0052 東京都港区赤坂 2 丁目 10 番 14 号
TEL(03)5573-7700
https://www.irhpress.co.jp/

印刷・製本　株式会社 研文社

落丁・乱丁本はおとりかえいたします

ISBN978-4-8233-0095-0 C0030
カバー Sashkin/Shutterstock.com
帯 ロイター アフロ , dpa 時事通信フォト , AFP =時事 , 時事
p.84 AA/ 時事通信フォト／ p.240 AFP= 時事
装丁・イラスト・写真（上記・パブリックドメインを除く）© 幸福の科学

大川隆法シリーズ・最新刊

日本の使命

「正義」を世界に発信できる国家へ

哲学なき安倍外交の限界と、東洋の盟主・日本の使命を語る。香港民主活動家アグネス・チョウ、イランのハメネイ師&ロウハニ大統領 守護霊霊言を同時収録。

1,500円

「日露平和条約」を決断せよ

メドベージェフ首相&プーチン大統領 守護霊メッセージ

「北朝鮮・中国の核兵器を無力化できる」。ロシアの2トップが、失敗続きの安倍外交に最終提案。終結していない戦後の日露、今がラストチャンス!

1,400円

旧民主党政権の「陰の総理」仙谷由人の霊言

旧民主党政権が国難を招いてしまった真因に迫る。親中路線の誤算、震災の被害増大、中国漁船衝突事件など、仙谷由人氏が赤裸々に語る、死後九日目の霊言。

1,400円

新上皇と新皇后のスピリチュアルメッセージ

皇室の本質と未来への選択

令和初日5月1日に特別収録された、明仁上皇と雅子皇后の守護霊霊言。生前退位の真意、皇位継承、皇室改革、皇室外交など、そのご本心が明らかに。

1,400円

※表示価格は本体価格(税別)です。

大川隆法ベストセラーズ・日本の針路を示す

自由・民主・信仰の世界

日本と世界の未来ビジョン

国民が幸福であり続けるために──。未来を拓くための必須の視点から、日米台の関係強化や北朝鮮問題、日露平和条約などについて、正論を説いた啓蒙の一冊！

1,500円

君たちの民主主義は間違っていないか。

幸福実現党 立党10周年・令和元年記念対談

大川隆法　釈量子　共著

日本の民主主義は55点!? 消費増税のすり替え、大義なきバラマキ、空気に支配される国防政策など、岐路に立つ国政に斬り込むエキサイティングな対談！

1,500円

夢は尽きない

幸福実現党 立党10周年記念対談

大川隆法　釈量子　共著

日本の政治に、シンプルな答えを──。笑いと熱意溢れる対談で、働き方改革や消費増税などの問題点を一刀両断。幸福実現党の戦いは、これからが本番だ！

1,500円

幸福実現党宣言

この国の未来をデザインする

政治と宗教の真なる関係、「日本国憲法」を改正すべき理由など、日本が世界を牽引するために必要な、国家運営のあるべき姿を指し示す。

1,600円

大川隆法ベストセラーズ・勤労の精神を取り戻す

国家繁栄の条件

「国防意識」と「経営マインド」の強化を

現在の国防危機や憲法問題を招いた「吉田ドクトリン」からの脱却や、国家運営における「経営の視点」の必要性など、「日本の進む道」を指し示す。

1,500 円

人格力

優しさと厳しさのリーダーシップ

月刊「ザ・リバティ」に連載された著者の論稿が書籍化。ビジネス成功論、リーダー論、そして、日本を成長させ、世界のリーダーとなるための「秘術」が書き込まれた一冊。

1,600 円

創造的人間の秘密

あなたの無限の可能性を引き出し、AI 時代に勝ち残る人材になるための、「創造力」「知的体力」「忍耐力」の磨き方が分かる一冊。

1,600 円

富国創造論

公開霊言　二宮尊徳・渋沢栄一・上杉鷹山

資本主義の精神を発揮し、近代日本を繁栄に導いた経済的偉人が集う。日本経済を立て直し、豊かさをもたらす叡智の数々。

1,500 円

※表示価格は本体価格（税別）です。

大川隆法「法シリーズ」

青銅の法

法シリーズ
第25作

人類のルーツに目覚め、愛に生きる

限りある人生のなかで、
永遠の真理をつかむ――。
地球の起源と未来、宇宙の神秘、
そして「愛」の持つ力を明かした、
待望の法シリーズ最新刊。

第1章　情熱の高め方
――無私のリーダーシップを目指す生き方

第2章　自己犠牲の精神
――世のため人のために尽くす生き方

第3章　青銅の扉
――現代の国際社会で求められる信仰者の生き方

第4章　宇宙時代の幕開け
――自由、民主、信仰を広げるミッションに生きる

第5章　愛を広げる力
――あなたを突き動かす「神の愛」のエネルギー

2,000円

ワールド・ティーチャーが贈る「不滅の真理」

「仏法真理の全体像」と「新時代の価値観」を示す法シリーズ！
全国書店にて好評発売中！

幸福の科学出版

出会えたひと、すべてが宝物。
限りある人生を、あなたはどう生きますか？
世代を超えた心のふれあいから、「生きるって何？」を描きだす。
ドキュメンタリー映画
光り合う生命《いのち》。
―心に寄り添う。2―
企画／大川隆法
メインテーマ「光り合う生命。」 挿入歌「青春の輝き」 作詞・作曲／大川隆法
出演／希島 凜　渡辺優凛　監督／奥津貴之　音楽／水澤有一　製作／ARI Production　配給／東京テアトル
©2019 ARI Production
8月30日（金）より全国で順次公開
G
31043-A

世界から
希望が
消えたなら。
製作総指揮・原案／大川隆法
竹内久顕　千眼美子　さとう珠緒　芦川よしみ　石橋保　木下渓
監督／赤羽博　音楽／水澤有一　脚本／大川咲也加　製作／幸福の科学出版　製作協力／ARI Production　ニュースター・プロダクション
制作プロダクション／ジャンゴフィルム　配給／日活　配給協力／東京テアトル　©2019 IRH Press
10.18 ROADSHOW

幸福の科学グループのご案内

宗教、教育、政治、出版などの活動を通じて、地球的ユートピアの実現を目指しています。

幸福の科学

一九八六年に立宗。信仰の対象は、地球系霊団の最高大霊、主エル・カンターレ。世界百カ国以上の国々に信者を持ち、全人類救済という尊い使命のもと、信者は、「愛」と「悟り」と「ユートピア建設」の教えの実践、伝道に励んでいます。

（二〇一九年六月現在）

愛

幸福の科学の「愛」とは、与える愛です。これは、仏教の慈悲《じひ》や布施《ふせ》の精神と同じことです。信者は、仏法真理をお伝えすることを通して、多くの方に幸福な人生を送っていただくための活動に励んでいます。

悟り

「悟り」とは、自らが仏の子であることを知るということです。教学《きょうがく》や精神統一によって心を磨き、智慧《ちえ》を得て悩みを解決すると共に、天使・菩薩《ぼさつ》の境地を目指し、より多くの人を救える力を身につけていきます。

ユートピア建設

私たち人間は、地上に理想世界を建設するという尊い使命を持って生まれてきています。社会の悪を押しとどめ、善を推し進めるために、信者はさまざまな活動に積極的に参加しています。

国内外の世界で貧困や災害、心の病で苦しんでいる人々に対しては、現地メンバーや支援団体と連携して、物心両面にわたり、あらゆる手段で手を差し伸べています。

年間約２万人の自殺者を減らすため、全国各地で街頭キャンペーンを展開しています。

公式サイト **www.withyou-hs.net**

ヘレン・ケラーを理想として活動する、ハンディキャップを持つ方とボランティアの会です。視聴覚障害者、肢体不自由な方々に仏法真理を学んでいただくための、さまざまなサポートをしています。

公式サイト **www.helen-hs.net**

入会のご案内

幸福の科学では、大川隆法総裁が説く仏法真理《ぶっぽうしんり》をもとに、「どうすれば幸福になれるのか、また、他の人を幸福にできるのか」を学び、実践しています。

入会

仏法真理を学んでみたい方へ

大川隆法総裁の教えを信じ、学ぼうとする方なら、どなたでも入会できます。入会された方には、『入会版「正心法語《しょうしんほうご》」』が授与されます。

ネット入会　入会ご希望の方はネットからも入会できます。
happy-science.jp/joinus

三帰《さんき》誓願《せいがん》

信仰をさらに深めたい方へ

仏弟子としてさらに信仰を深めたい方は、仏《ぶっ》・法《ぽう》・僧《そう》の三宝《さんぽう》への帰依を誓う「三帰誓願式」を受けることができます。三帰誓願者には、『仏説・正心法語』『祈願文《きがんもん》①』『祈願文②』『エル・カンターレへの祈り』が授与されます。

幸福の科学 サービスセンター
TEL 03-5793-1727（受付時間／火～金：10～20時 土・日祝：10～18時（月曜を除く））

幸福の科学 公式サイト
happy-science.jp

ハッピー・サイエンス・ユニバーシティ
Happy Science University

ハッピー・サイエンス・ユニバーシティとは

ハッピー・サイエンス・ユニバーシティ(HSU)は、大川隆法総裁が設立された「現代の松下村塾」であり、「日本発の本格私学」です。建学の精神として「幸福の探究と新文明の創造」を掲げ、チャレンジ精神にあふれ、新時代を切り拓く人材の輩出を目指します。

人間幸福学部　経営成功学部　未来産業学部

HSU長生キャンパス TEL **0475-32-7770**
〒299-4325　千葉県長生郡長生村一松丙 4427-1

未来創造学部

HSU未来創造・東京キャンパス
TEL **03-3699-7707**
〒136-0076　東京都江東区南砂2-6-5　公式サイト **happy-science.university**

学校法人 幸福の科学学園

学校法人 幸福の科学学園は、幸福の科学の教育理念のもとにつくられた教育機関です。人間にとって最も大切な宗教教育の導入を通じて精神性を高めながら、ユートピア建設に貢献する人材輩出を目指しています。

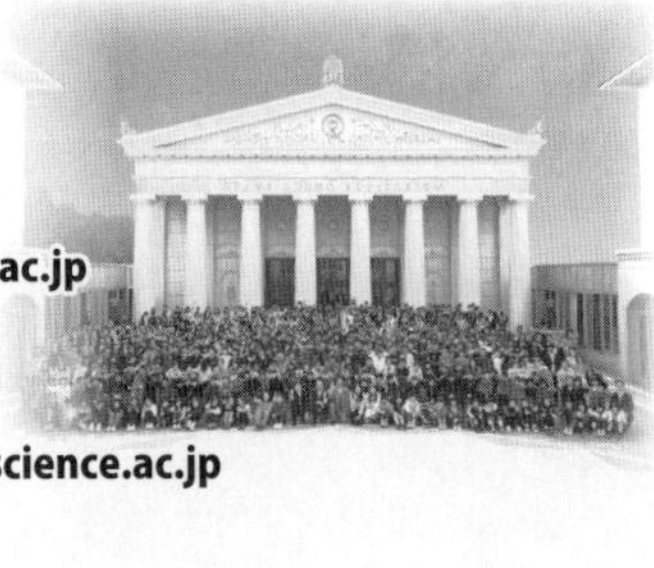

幸福の科学学園

中学校・高等学校(那須本校)
2010年4月開校・栃木県那須郡(男女共学・全寮制)
TEL **0287-75-7777** 公式サイト **happy-science.ac.jp**

関西中学校・高等学校(関西校)
2013年4月開校・滋賀県大津市(男女共学・寮及び通学)
TEL **077-573-7774** 公式サイト **kansai.happy-science.ac.jp**

仏法真理塾「サクセスNo.1」

全国に本校・拠点・支部校を展開する、幸福の科学による信仰教育の機関です。小学生・中学生・高校生を対象に、信仰教育・徳育にウエイトを置きつつ、将来、社会人として活躍するための学力養成にも力を注いでいます。

TEL 03-5750-0747（東京本校）

エンゼルプランV　TEL **03-5750-0757**

幼少時からの心の教育を大切にして、信仰をベースにした幼児教育を行っています。

不登校児支援スクール「ネバー・マインド」　TEL **03-5750-1741**

心の面からのアプローチを重視して、不登校の子供たちを支援しています。

ユー・アー・エンゼル!（あなたは天使!）運動

一般社団法人 ユー・アー・エンゼル　TEL **03-6426-7797**

障害児の不安や悩みに取り組み、ご両親を励まし、勇気づける、
障害児支援のボランティア運動を展開しています。

NPO活動支援

学校からのいじめ追放を目指し、さまざまな社会提言をしています。また、各地でのシンポジウムや学校への啓発ポスター掲示等に取り組む一般財団法人「いじめから子供を守ろうネットワーク」を支援しています。

公式サイト **mamoro.org**　ブログ **blog.mamoro.org**

相談窓口 **TEL.03-5544-8989**

百歳まで生きる会

「百歳まで生きる会」は、生涯現役人生を掲げ、友達づくり、生きがいづくりをめざしている幸福の科学のシニア信者の集まりです。

シニア・プラン21

生涯反省で人生を再生・新生し、希望に満ちた生涯現役人生を生きる仏法真理道場です。定期的に開催される研修には、年齢を問わず、多くの方が参加しています。全国186カ所、海外13カ所で開校中。

【東京校】TEL **03-6384-0778**　FAX **03-6384-0779**

メール **senior-plan@kofuku-no-kagaku.or.jp**

幸福実現党

内憂外患《ないゆうがいかん》の国難に立ち向かうべく、2009年5月に幸福実現党を立党しました。創立者である大川隆法党総裁の精神的指導のもと、宗教だけでは解決できない問題に取り組み、幸福を具体化するための力になっています。

幸福実現党 釈量子サイト shaku-ryoko.net
Twitter 釈量子@shakuryokoで検索

党の機関紙
「幸福実現NEWS」

幸福実現党 党員募集中

あなたも幸福を実現する政治に参画しませんか。

○幸福実現党の理念と綱領、政策に賛同する18歳以上の方なら、どなたでも参加いただけます。

○党費:正党員（年額5千円［学生 年額2千円］）、特別党員（年額10万円以上）、家族党員（年額2千円）

○党員資格は党費を入金された日から1年間です。

○正党員、特別党員の皆様には機関紙「幸福実現NEWS（党員版）」（不定期発行）が送付されます。

＊申込書は、下記、幸福実現党公式サイトでダウンロードできます。
住所:〒107-0052　東京都港区赤坂2-10-8 6階 幸福実現党本部
TEL 03-6441-0754　FAX 03-6441-0764
公式サイト hr-party.jp

出版 メディア 芸能文化 幸福の科学グループ

幸福の科学出版

大川隆法総裁の仏法真理の書を中心に、ビジネス、自己啓発、小説など、さまざまなジャンルの書籍・雑誌を出版しています。他にも、映画事業、文学・学術発展のための振興事業、テレビ・ラジオ番組の提供など、幸福の科学文化を広げる事業を行っています。

アー・ユー・ハッピー？
are-you-happy.com

ザ・リバティ
the-liberty.com

幸福の科学出版
TEL **03-5573-7700**
公式サイト **irhpress.co.jp**

THE FACT **ザ・ファクト**
マスコミが報道しない「事実」を世界に伝えるネット・オピニオン番組

ザ・ファクト 検索

NEW STAR PRODUCTION

ニュースター・プロダクション

「新時代の美」を創造する芸能プロダクションです。多くの方々に良き感化を与えられるような魅力あふれるタレントを世に送り出すべく、日々、活動しています。 公式サイト **newstarpro.co.jp**

ARI Production

ARI《アリ》 Production《プロダクション》

タレント一人ひとりの個性や魅力を引き出し、「新時代を創造するエンターテインメント」をコンセプトに、世の中に精神的価値のある作品を提供していく芸能プロダクションです。 公式サイト **aripro.co.jp**